사계의 다음 그리고 이음

사계의 다음 그리고 이음

초판 1쇄 발행 2021년 8월 31일

지은이 신복용
펴낸이 장길수
펴낸곳 지식과감성#
출판등록 제2012-000081호

교정 양수진
디자인 정윤솔, 조인경
편집 정윤솔
검수 백승은, 윤혜성
마케팅 고은빛, 정연우

주소 서울시 금천구 벚꽃로298 대륭포스트타워6차 1212호
전화 070-4651-3730~4
팩스 070-4325-7006
이메일 ksbookup@naver.com
홈페이지 www.knsbookup.com

ISBN 979-11-392-0061-4(03810)
값 12,000원

• 이 책의 판권은 지은이와 지식과감성#에 있습니다.
• 이 책 내용의 전부 또는 일부를 재사용하려면 반드시 양측의 서면 동의를 받아야 합니다.
• 잘못된 책은 구입하신 곳에서 바꾸어 드립니다.

지식과감성#
홈페이지 바로가기

사계의 다음 그리고 이음

신복용 지음

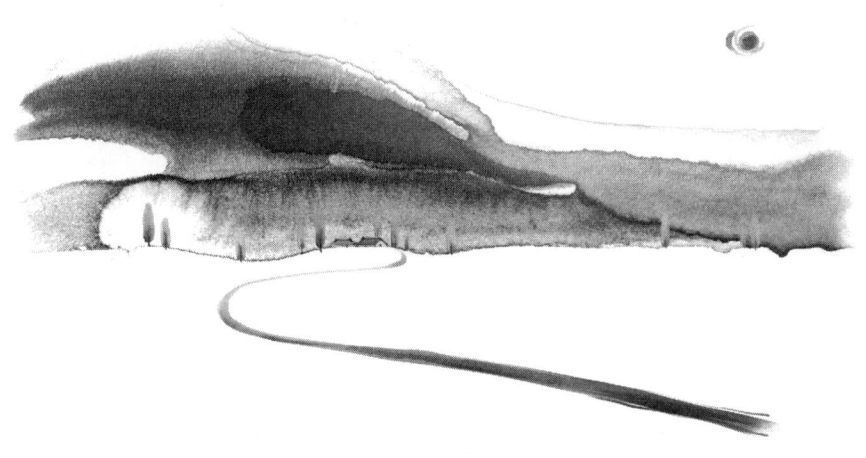

지혜와감성

프롤로그

시인의 시처럼 시적 아름다움이 있는 것도 아닐 게고
문학적 가치도
시에 대한 전문성도
없을 게다.
더구나
시어의 아름다움과 운율로
감각적 심상을 불러일으키지도
못할 것이다.
단지 한평생 겪은
곤고함과 슬픔과 절망의 늪을 헤쳐 나온
굴곡진 삶의 편린들을 모아
시의 형식을 빌려 쓰고자 했다.
시의 앞뒤에는
그 주제에 따른 단상들을
그루터기나
낙수처럼 흩어 적고
서툴고 난해한 핵심 시어에는
각주를 달아
독자의 이해를 도우려 했다.
하나의 시어나 행이 내포한
자연과 사람과 사회의 형상적 아름다움이나 내면의 아픔들이
위로와 희망과 기쁨과 감사로 승화되고
글 고랑 넘을 때마다
그 주제와 내용이
세상의 방부제가 되었으면 하는
바람을 담아서……

차례

프롤로그 5

1
겨울 견디기

*겨울 그루터기 11

아버지 국밥 17 / 그리운 발자국 20 / 동백 어머니 21 / 팽이 돌리기 22 / 썰매 타기 23 / 아버지 연날리기 25 / 그리운 눈 27 / 겨울 꽃밭에서 28 / 잃어버린 시간 29 / 기억 속의 겨울 8경 30 / 옛 겨울밤 36 / 겨울 하늘 37 / 겨울바람 38 / 사라진 오솔길 40 / 바닷가에서 41 / 눈이 왜 이래 42 / 겨울 산 44 / 산토끼 46 / 겨울 강가에서 47 / 누렁소 겨울나기 49 / 숲속의 노래 50 / 골짜기 52 / 겨울나기 53 / 겨울 독백 56

2
봄 누리기

*봄 그루터기 59

우물 파다 웃음 푸다 63 / 봄이 오는 길목 64 / 새봄은 어디부터 갈까 65 / 봄 낙수 1 66 / 봄이 오는 소리 67 / 봄 부스러기 68 / 야유회 69 / 봄이 오는 듯 가고 71 / 옛 봄 그 편지 73 / 봄 흙은 얘기 74 / 봄꽃이 아름다운 까닭 75 / 4월은 허무한 달 76 / 봄 새김질 78 / 장미의 유혹 80 / 봄 푸념 81 / 복수초 82 / 수선화 83 / 튤립 84 / 진달래 85 / 봄 넋두리 87 / 개나리 89 / 봄 낙수 2 90 / 꽃들의 전쟁 92 / 꽃의 아우성 94 / 추모의 상념 96 / 슬픈 봄이라도 좋다 98 / 5월의 신비 100 / 봄의 독백 101 / 호숫가 봄맞이 110 / 등나무와 상사화 112 / 낙엽 속의 봄 114 / 봄 낙루 115

3
여름 자라기

* 여름 그루터기 119

밤나무 골의 비애 123 / 모깃불 추억 125 / 채송화와 분꽃의 사랑 126 / 어머니 장독지기 꽃 128 / 모란이면 모란인 것을 129 / 폭포 앞에 서면 130 / 바닷가 참회 131 / 안개꽃 아내 꽃 132 / 원추리 133 / 깨어진 수박 134 / 해바라기 135 / 개똥참외 추억 137 / 애수 서린 봉숭아 138 / 자리다툼 139 / 꽃은 안 보고 꽃송이만 세는 세상 140 / 배롱나무 메롱 나무 142 / 전원의 사치 144 / 아내의 텃밭 정원 146 / 모를 이름 삼복 헤어나기 148 / 여름 밤하늘 150 / 정자나무 아래에는 152 / 고향 산 154 / 여름 나기 추억 155 / 매미와 청년 156 / 오만한 칡의 종말 157 / 여름 타박 159

4
가을 거두기

* 가을 그루터기 163

애수의 코스모스 165 / 메밀밭 고랑에 서서 166 / 호박꽃을 알까 167 / 단풍나무 길 168 / 은행잎 편지 170 / 억새밭에 서면 171 / 들국화 172 / 국화 174 / 낙엽의 기도 175 / 감 따기 꿈 깨기 177 / 가을 하늘 179 / 가을 산 181 / 선남선녀 과일 먹기 183 / 달빛 타고 흐르는 연가 185 / 풍요 속의 빈곤 186 / 허수아비 188 / 추석 189 / 가을 남자 190 / 가을 여인 192 / 요지경 운동회 193 / 소풍 갈래요 196 / 가을밤 199 / 가을 보푸라기 200

에필로그

빈 페이지 생각 채움

우리

지금

어느 계절을

살고 있을까?

1 겨울 견디기

겨울은
빈곤과 수난과 억압에 짓눌린
멈춤이나
막연한 기다림이 아니라
사랑과 희생과 베풂과 보듬음으로
생명과 희망을 지키려는
눈물겹고도 치열한 싸움이다.

빈 페이지 생각 채움

가랑잎 젖히는 소리

영시의 알람

시끄럽다.

들리는 소리

듣지 못할 소리까지

그래도

기지개는 한번 켜봐야 하지 않을까?

겨울 그루터기

내 고향 뒷동산에 떡갈나무가 있었다.
사람들은 이 나무를 하찮게 여겨왔다.
이 떡갈나무 일생이 얼마나 대단한지를 몰랐기 때문이었다.
집을 짓거나 가구를 만들 때 재목이 되는 이 나무는 넓은 잎으로 시원한 그늘을 내어주고 부잣집의 먹다 남은 떡 쉬는 것까지 막아주며 껍질까지 약용으로 쓰인다. 예쁜 단풍으로 아름다운 산을 만들어주고 자신을 가난한 집 불쏘시개로 바친다.
끝내 장작으로 찢겨 화염 속에 던져지고 새까만 숯이 되어 불꽃으로 산화하기까지 모든 것을 아낌없이 주는 나무이다.
더욱 신기한 것은 도토리 열매를 남길 때조차도 겨울나기에 추울까 봐 털모자를 씌운다. 물론 이 열매는 사람들과 산토끼, 다람쥐들의 먹이가 된다.
어느 것 한 가진들 버릴 것이 없는 이 나무는 단풍 들고 고엽이 되어도 잎을 쉬 떨어뜨리지 않고 겨울 끝자락 새싹이 돋을 준비가 될 때까지 버티고 버티다 삶을 내려놓는 참 대단한 나무이다.

메마른 가지 끝에서 떨어지지 않으려고 몸부림치다 기진하여 하염없이 나동그라져 가랑잎으로 흩날리던 날 떡갈나무처럼 살아오신 아버지가 그렇게 가셨다.
밑 빠진 독 채우다 채우시다 지쳐 가신 불쌍한 아버지!
가난이 죄가 되는 것은 사랑하는 부모님을 제대로 봉양할 수 없기 때문이고 자녀들에게 필요한 것을 제때 줄 수 없기 때문이라 하셨다.
그럼에도 가난이 부끄럽지 않은 것은 죄지어 가난한 것이 아니기 때문이라 하셨다.
그렇다.
아버지는 늘 부모님께 죄송해하셨고 자녀들에게는 미안해하셨다.
근검절약과 사랑으로 가난을 덮으려 하셨던 아버지의 간절함과 따뜻함이 그리운 겨울이다.

누군가의 그 겨울은 이처럼 에이는 아픔이고 처절한 슬픔이다.
특히 가난한 사람들의 겨울나기는 병든 노인의 토혈과 마디숨 같은 것이다.
그럼에도 살아남게 되는 것은 그 시절이 바로 겨울이기 때문이다.
어두운 땅속에 묻혀 추위를 이겨야 굳은 땅 뚫고 새싹을 내미는 이름 모를 작은 씨앗 한 톨인 셈이다.

사람으로 태어나 사람으로 살게 됨에 감사하다.
서고 앉고 드러눕고 엎어질 수도 있어 감사하다.
눈과 귀, 손가락과 발가락이 있는 것도 참 신기하고 편리하고 감사하다.
나 자신을 아무리 자세히 뜯어봐도 어느 것 한 가진들 버릴 것도 더 가질 것도 없다.
지금의 생김새가 그대로 최상이다.

그중에서도 만물의 영장으로 살아갈 수 있는 두뇌를 지닌 것이 가장 기쁘고 감사한 일이다.
어느 생명체가 사람처럼 가질 걸 다 가졌나?
더구나 지니고 있는 것들을 더 예쁘게 꾸미고 더 좋게 고치고 덧입히고 심지어는 다시 만들어내기까지 한다.
그렇다면 가장 행복한 존재여야 할 것이다.
그런데 그렇지 못하다.
우주 천지 그 어느 곳에서 사람 말고 어느 생명체가 스스로 목숨을 끊는단 말인가?
사람의 머리엔 행복주머니가, 가슴속엔 더 큰 불행주머니가 있나 보다.
행복주머니를 채우려 하면 할수록 채워진 정도와는 별 상관없이 불행주머니는 비례하여 더 커진다.

앞이 보이지 않을 때 가끔씩은 차라리 태양이 뜨지 않기를 바라곤 한다. 홀로보다는 모두의 멸망이 위로가 된다고 착각하기 때문일까?
이러한 악랄한 생각을 반복하며 왜 죽음을 전제로 살기 위해 몸부림치는지 모를 일이다.
오늘도 우린 행복주머니를 채우기 위해 더하고 또 더하려고 기를 쓴다.
그럴수록 불행주머니가 더 커진다는 사실을 알면서도 멈추지 않는다.
참 아프고 서럽다.

주변의 식물들은 그렇지 않다.

보이는 현상마다 참 신비롭다.

배우지 않아도 시기를 안다.

싹을 내밀 때 꽃을 피울 때를 스스로 안다.

열매를 맺고 스스로 낙엽에 생명을 묻을 때를 안다.

일상에서 만족과 나눔을 안다.

하루살이 꽃조차도 예쁜 미소로 행복 향을 뿜으며 벌 나비와 나누며 산다.

옆에서 자란 꽃이 더 크다고 비관하여 자살하는 꽃은 결코 없다.

스스로 자기만족에 충실하다.

색깔을 자랑하는 꽃, 생김새를 자랑하는 꽃이 있는가 하면 향기를 뿜내는 꽃, 큰 키를 자랑하는 꽃들이 있다. 이들은 다른 꽃들과 자신이 다르다고 비관하지도 교만하지도 않는다.

그저 서로 어울려 아름다운 꽃밭을 만들어낸다.

한해살이 꽃은 여러해살이 꽃보다 더 화려하고 짙은 향으로 오래 살지 못함을 스스로 보상한다.

키 큰 것은 키 작은 것을 품에 안고 뜨거운 햇빛을 막아주고 키 작은 것은 물기를 모아 키 큰 것의 갈증을 덜어주는 것으로 그 고마움에 대한 대가를 치른다.

춥다고 옮겨 갈 수도 없고 자갈밭이라고 기름진 땅으로 굴러갈 수도 없는 식물들은 주어진 환경에서 순리에 적응하여 최선을 다하며 조화롭게 살아간다.
서로 간에 다툼이 있다 해도 그것은 오로지 자기 삶을 지키기 위한 몸부림일 뿐 흉기로 상대방을 공격하는 일도 중상모략과 사기도 없다.
비겁하거나 순리가 아닌 불법적인 방법으로 제압하지 않는다. 오히려 죽어서까지 상대방의 양분이 되어준다.

차가운 겨울 한복판에 서면 사람과 자연 사이에서 명암과 청탁과 냉온의 미묘한 상념들이 하늘 향해 솟아오른다.
모든 게 죽은 듯 그러나 살아있는 냉엄한 겨울!
이 겨울을 꼭 견뎌내어 살아남으려는 삼라만상의 결기가 언 땅 밑에 용솟음치고 있음을 못 느끼나?
겨울은 분명 새 생명의 태동이요 희망의 씨앗이다.
그래서 겨울은 봄의 문턱이 된다.

구세주 예수가 우리나라의 겨울에 태어난 것도 우연한 일은 아닌 듯싶다.

빈 페이지 생각 채움

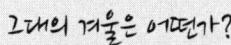

그대의 겨울은 어떤가?

혹 목도리라도 둘러줄 이가 있나?

옆에 타다 남은 연탄난로라도 있나?

그대의 겨울은
홀로?
아님
둘이?
그것도 아님
그대 홀로라도 있긴 있나?

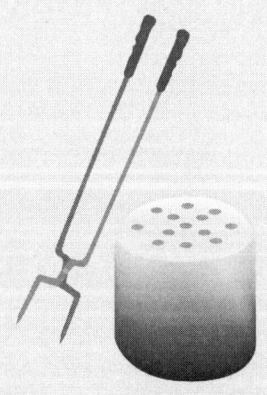

아버지 국밥

난생처음 읍내 장터 구경 가던 날
세 고개 넘을 때까지는 아버지 주위를
깡충깡충 맴돌며 갔다.

짚으로 엮은 달걀꾸러미 넣은 구럭 끈을 잡은 건
버스가 회색 먼지 뿜으며 날 듯 지나갈 때였다.
엄청 크고 무서운 버스는 참으로 대단한 것이었다.

구럭 끈 놓고 아버지 손 잡은 건
장터에 모인 그 많은 사람들을 보았을 때였다.
아, 이런 세상이……
두려움과 흥분으로 가슴은 콩닥거렸고 두 눈은 희번덕거렸다.

아버지 손을 놓치면 큰일 날세라
매달리다시피 끌려간 곳
처음 맡아보는 구수한 냄새를 실컷 마시는 사이
아버지는 달걀 두 꾸러미를 주고
툽툽한 국밥 한 그릇과 막걸리 한 잔을 받았다.
정신없이 국밥을 먹고 있을 때
아버지는 막걸리 한 모금씩 마시며
주인이 내준 국물을 홀짝홀짝 드시고 계셨다.
아침식사 한 것이 소화가 안 되신다며

국밥 한 그릇 허겁지겁 다 먹고 나서야
아버지는 아침식사도 못 하신 것이 생각났다.
참으로 염치없고 죄송한 일이었다.

그 후로는 국밥을 먹지 못했다.
아버지 돌아가셨을 때
손님들에게 국밥을 대접했다.
아홉 끼를 거른 시장기에도 나는
국밥은 물론 아무것도 먹지 못했다.
슬픔 이어 돌아가는 시곗바늘은
10년 단위로 돌았다.
195060708090
굶다 먹고 먹다 굶기가 그침 없듯
풀린 태엽 감기고 풀리고를 반복하며 어느덧
200020102020

아버지의 한 서린 시간보다
더 많은 시간을 업고서야
아버지 유골을 가까운 봉안시설로 옮겨 모시던 날
형제자매들과 자녀들에게
아버지 살아생전 평생 드시고도 남았을 만큼의 국밥을 샀다.

그제야
국밥 한 숟가락 목구멍에 넘겼다.
비록 아버지 국밥 맛은 아니었지만
아버지 그리울 때면
눈물 반 채운 국밥을 먹으련다.

그리운 발자국

눈 쌓인 날
짚신에 새끼줄 몇 번 감고
평소와 달리 종종걸음을 걸으셨다.
아버지 발자국을 따라가는 아들은
미끄러지지 않으시려 그러는 줄만 알았다.

검정고무신 논밭 모퉁이에 두고
맨발로 일하시다
어둠 이고 돌아오는 길
아버지 맨발자국 따라가는 아들은
아버지들은 모두 그러시는 줄만 알았다.

아버지 발자국을 따라
아버지가 된 아들은
아버지가 사셨던 세월만큼이나 더 지나서야
아버지 발자국을 알 듯도 하였다.
아버지 발자국마다 고인 눈물은
가슴 찢는 회한과 그리움이다.

동백 어머니

울타리에 기대선 동백은
붉은 입술 가에 남은 마지막 향기까지
골목길 휘감는 찬바람 쫓느라 소진한다.

노란 향을 에워싼 붉은 꽃 사이를
초록 잎의 빛으로 채우고
그깟 추위쯤은 가지 아래 묻는다.

동백 울타리 돌아 대문으로 떠나신
어머니 모습이 돌아온다.
붉음에 지지 않는 흰 저고리
노랑이 덮지 못하는 검은 치마
초록보다 진한 자색 물동이

안으로 굽고 덧입기만 하는
나약한 움츠림의
동백 향보다 진한 어머니 냄새에
얼굴을 묻는다.

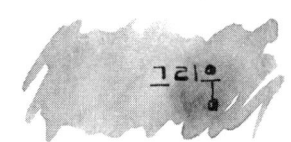

어머니가 심은 동백 아래서
영문도 모르고 멍멍 짖어대는 강아지는
겨울 여명을 재촉한다.

팽이 돌리기

어머니가
상수리에 성냥개비를 꽂아주셨다.
엄지와 검지를 비벼
밥상 위에 놓으면 한참을 돈다.
젓가락 부딪던 김치 그릇 자리에서
장판 아닌 자리 깐 방바닥 탓에
어머니가 늘 준비해주신 두레밥상이다.
상수리 팽이 돌리는 팽이 밥상
어머니 극한 사랑 한 상 받고 나서
툇마루 구석에 쪼그리고 앉아 하늘을 봤다.
날고 싶었다.

아버지가
만들어주신 대추나무 팽이
나뭇가지 끝에 매단 노끈으로 돌돌 감아
땅바닥에 반쯤 누이고 힘껏 잡아채면
팽이는 오똑 서서 빙글빙글 잘도 돈다.
시장 갔다 오시는 길에 주워 온 작은 못 하나
거의 다 닳은 팽이 끝에 다시 깎아 박아주셨다.
그놈의 못 한 개가 없어 얼마나 맘 아팠으면
이제 와 그 못을 박아준단 말인가?
아버지의 극한 사랑 가슴에 못 박혀
먼 산 끝 이은 석양의 울렁임을 봤다.
날고 싶었다.

썰매 타기

손바닥만 한 두렁배미 모퉁이
미꾸라지 기르는 방죽이 있었다.
방죽에서 새어 나온 물이 얼면
아버지가 만들어주신 썰매를 탔다.
둑 너머 큰 논은 호수처럼 얼었는데
자기네 논이라는 텃세가 싫어 넘지 않았다.
좁은 얼음판을 박차고 싶었던 날
돌아올 때 방죽 흙막이를 살그머니 터놓았다.

다음 날 동트기도 전 썰매를 안고 뛰었다.
아, 아버지!
할머니 보양 미꾸라지 도망갈 뻔했다 하신다.
어젯밤에도 살피고 가신 아버지!
집으로 향하시는 아버지 굽은 등이
너무도 작아 보였다.

간밤에 조금은 넓어진 얼음판을
아버지 썰매는 돌고 돌았다.

콜록콜록 할머니 기침이 심해진 날
방죽을 뒤집어 미꾸라지 잡은 아버지
아예 방죽 둑을 모두 허물어주셨다.

둑 너머 큰 논 얼음판에는 그 아버지가 던진
몽둥이며 돌멩이들이 썰매 길을 막고 있었다.

작지만 걸림돌 하나도 없는 아버지 얼음판을
아버지 썰매는 돌고 돌았다.
너무 늦지 마라 배 꺼진다.
떨리는 아버지 목구멍으로
슬픔 한 술 사랑 두 술을 넘기셨다.

아버지 연날리기

아버지는 나에게 연을 만들어주시려고
할아버지 제삿날부터
지방 축문 쓰고 남은 백지 조각을 모으셨다.

아버지는 나에게 연을 만들어주시려고
기나긴 겨울 새벽까지 노끈을 꼬셨다.
할머니 어머니 모시 길쌈 쩐지[1] 밑에서
꾸묵[2]이랑 모시검불[3] 주워 모아
두세 올씩 뽑아 한 뼘 길이 실을 만들어
엄지와 검지로 비벼
고래 심줄보다 더 질긴 노끈을 꼬셨다.
왕골자리 짜시고 남은 자투리 노끈
잇고 또 이어 얼레에 감아주셨다.

아버지는 나에게 연을 만들어주시려고
창문마다 빛바랜 창호지를 떼어내고
문풍지까지도 조심조심 떼어내셨다.

---

1 대나무를 60㎝ 정도 길이로 잘라 세운 2개의 기둥, 끝을 브이(V) 자로 홈을 파서 짼 모시올 한 뭉치씩 거는 길쌈 도구
2 모시를 째고 남은 자투리, 노끈의 재료
3 모시 길쌈 과정에서 배출된 자투리와 찌꺼기

할머니 어머니 모시 째다 생긴 이골 사이로
톡 톡톡 손가락에 침 묻혀
새 창호지 한 장씩 집어주시면
아버지는 한 치의 오차도 없이 오려 붙인다.
떼어낸 헌 창호지는 가오리연
쓰고 남은 새 창호지는 방패연
문풍지와 조각들은 연 꼬리가 된다.

설날 아침 세뱃돈 대신 주셨던 연
아버지 냄새 밴 볏짚누리 기대어
멀리멀리 올렸다.
아버지 사랑을
높이높이 올렸다.
아들의 꿈을
대보름날 액막이연으로 날려 보내도
섭섭하지 않았다.
아버지는 연을 만들어주시려고
첫 제삿날부터 또다시
연 종이를 모으실 테니까.

그리운 눈

자동차 굉음과
떼 발굽 피한 모퉁이에
녹다 남은 마지막 눈 한 줌이
썩어가고 있다.

펑펑 내리쏟아 더럽혀진 천지를
희게 덮어버리더니
고작 절대 권력자의 눈가림이었나?
골목 치닫는 돌풍의 아우성이 쏟아진다.
두엄더미 위 흰 눈 덮었다고 악취까지 없어지냐고

나도 너도 우리 모두 흰옷 입은 눈사람일 뿐
한 줌 햇살에도 남는 건 썩은 눈 반 줌과 가증스러운 눈물 한 바가지
흙에 살던 시절의 한 주먹씩 뭉쳐 먹던
그 시절의 청정 함박눈이 그립다.

겨울 꽃밭에서

봄여름 빛 향해 속살 드러내고
산바람 강바람 즐기던 꽃들
그냥 두면 어때
어디선가 쫓겨 온 폭풍우
촛불 닮은 튤립도 불꽃 맨드라미도 쓰러뜨렸다.
엎친 데 덮쳐 온 무자비한 태풍
무궁화 꽃잎도 찢어버렸다.

죄 없는 꽃밭을 왜 난장[4] 치는 건지
잎줄기 떨린 메마른 민낯에
무슨 향기가 남았으랴!
철 따라 다투어 흐드러졌던 그 잘난 것들 흔적도 없는데
얻어맞다 미처 지지도 못한
꽃 같지 않은 것들만 몇 그루 남아
떨며 겨울을 난다.

봄이 다시 오기나 하려나.

---

4 시위대의 촛불과 태극기 싸움

잃어버린 시간

철모르고 툭 튀어나와 얼어버린
목련 한 송이는
한 올 빛줄기에 여지없이 녹아내린다.
조금 앞서려다 잃어버린 한 해
되찾으려 하소연하는
마지막 남은 꽃잎이 애달프다.

처마 밑 양지에 속아
어리석게 피어난 제비꽃
얄궂은 마지막 눈발에
안타까이 꽃잎이 진다.
뽐내려 서둘다 잃어버린 한 해
벌 나비 만남조차 포기한
떨어진 꽃잎이 애처롭다.

앞서려는 어리석음보다
필 때를 아는 목련이
뽐내려는 철없음보다
틀 때를 아는 제비 싹이
더 아름다운 것은
단지
누릴 시간이 더 많아서일까?

기억 속의 겨울 8경

제1경[5]
소년은
찐 고구마 목에 걸려 캑캑거리며
볏짚누리 동굴 속에 숨었다.
부뚜막 위 대나무 소쿠리 손 넣어
열 식구 죽 쒀 먹을 보리쌀
혼자 훔쳐 먹어서다.
왜놈들 36년 등쌀에
수백만의 피 값으로 얻은 광복의 감격은
소년의 허기가 앗아갔다.
시름시름 졸리는 실눈 사이로 비치는
동굴 밖 쏟아지는 함박눈은
하얀 솜처럼 포근하였다.

제2경[6]
청소년은
도시락 뚜껑 반도 못 열고
훔쳐 먹듯 꽁보리 맨밥 목 막힘도 없이
수치와 공상 비벼 꿀꺽꿀꺽 삼켰다.

---

5 1940년대
6 1950년대

빨갱이 놈들 37개월 등쌀에
수백만의 피 값으로 얻은 휴전 안도감조차
청소년의 덜 여문 꿈이 덮어버렸다.
터벅터벅 해진 운동화 구멍 비집는
돌멩이와 진흙 범벅 빚어내는 겨울 소낙비는
황톳빛 홍수처럼 어지러웠다.

제3경[7]
청년은
보릿고개 넘다 소진한 팔다리로
무지개도 없는 하늘 호수를 건너려다
흰 셔츠와 검은 작업복이 뒤엉켜
아스팔트 위에 나동그라졌다.
수백만 민중의 함성으로 연 새 세상도
청년의 꿈 곤두박질로 덧씌워졌다.
눈구름이라도 비로소 하늘 바라보는
비몽사몽의 새벽 눈빛은
흑갈색 겨울 새벽 여명처럼 불그스레하였다.

---

7 1960년대

제4경[8]
중년은
급기야 편이 갈렸다.
가진 자와 가지려는 자의 싸움은
이상한 장기판이다.
말이 코끼리처럼 뛰고
급기야는 궐을 벗어난 임금이 병졸을 잡는다.
싸움의 규칙도 지난 것의 나쁨도 좋음조차도
흑백의 휘장으로 덮어버렸다.
수백만의 뒤엉킨 편싸움에 이긴 기쁨도
이어지는 자중지란에 금세 사라져버린다.
어린 싹 짓밟고 진 꽃 묻어버리는 극한의 추위다.
파란 칼바람 휘모는 패싸움에
겁먹은 황야는 파랗게 얼어붙었다.

제5경[9]
장년은
설 땅을 잃고
뿌리 뽑힌 대나무처럼 조용히 시들어간다.
군데군데 끊긴 뿌리 남긴 희생과 인고의 세월 값도

---

[8] 1970~1980년대

[9] 1990~2000년대

붉은 불길 속에 재가 되었다.
촛불도 횃불도 산불도 들불도
태우는 것과 타는 것의 차이일 뿐이다.
화마가 할퀴고 간 그 어느 곳이든
수백만 송이 꽃잎 진 장미 꽃자루처럼
화려함은 사라지고 추함만 남았다.
붉은 불 꺼진 겨울 산야에
검은 잿더미 비집고 새 죽순은 나오기나 하려나?

제6경[10]
노년은
허울 좋은 이름만 남았다.
빼앗긴 빈자리 채움조차 없는 허망함이
찢긴 낙엽처럼 나뒹군다.
창살 없는 독방에서 자녀 집 골방에서
수백만의 마디숨 이어가는 소리조차
일상의 힘겨운 외침에 묻혀버린다.
해바라기 삶의 굴레를 마다하지 않는
할 일 못 찾아 휑해진 허연 눈 껌벅이며
회색빛 겨울 구름에게 귀로를 물어 좇는다.

---

10 2000~2010년대

제7경[11]

모두가

복면을 써야 사는 재앙 예언이 있었던가?

만물의 영장이라더니

고작

흰 마스크와 검정 마스크를 나란히 놓고

립스틱을 바를까 말까 갈등한다.

줄 서기와 거리 두기가 일상이 된

아, 어처구니없는 구석기적 삶의 편린들이

우리를 슬프게 한다.

콧등 높이고 턱뼈를 깎아내던 고통은 어디서 보상받나?

나만이 내 편만이 옳고

다른 이는 모두가 그르다고 외치던 입들을

모두 가려버렸다.

입 좀 닥치라는 건데 아직도 외치는 소리가 있다.

빛의 삼원색을 합하면 백색광이 되고

색의 삼원색을 합하면 검정색이 되는데

빛 속의 백인백색을 합하여 한 가지 색으로 만들려는

오기와 억지로 이 겨울까지 가로 찢는다.

---

11 2010~2020년대

제8경[12]
누구들은
살려고 먹는지 먹으려고 사는지
헷갈려 한다.
이 둘의 다름이 뭘까?
어느 삶이 옳다고 쉬 단정하기 전에
자화상을 그려본다.
가진 이가 더 가지려고 빼앗는 것과
덜 가진 이가 지키려는 것은
분명 공평한 싸움이 아니다.
깊어가는 겨울 하늘에
늑대 구름이 황소 구름을 몰아내고
사자 구름은 토끼 구름에게도 쫓긴다.
적어도 하늘에서만은
가련한 아귀다툼은 없나 보다.
하늘을 가득 채운 구름은
한 올 바람에도 파랗게 질려 달아난다.

---

12 2020년대~

옛 겨울밤

아랫목엔 할머니 윗목엔 어머니
오순도순 안방 이야기 새고
어머니의 모시 광주리 옆에
사그라지는 할머니 화롯불 하나
꺼질세라 인두로 다지는 할머니 손끝 떨림 따라
군고구마 맛 향 화롯가를 맴돈다.

온기 끊긴 건넌방에서는
아버지 고드랫돌 딸가닥거리고
아들의 또랑또랑 책 읽는 소리
대대로 물려받은 자리틀과 궤 책상 옆엔
헌책 한 더미와 다듬어진 볏짚 두 단이
서로 기대어있다.

달빛 가득한 장독대
매화나무 밑 김칫독 열고
어머니가 꺼내 오신 동치미
할머니 군고구마 겨울 밤참 맛은
초가삼간 가난보다 더 깊다.

길 건너 강아지가 멍멍 짖는다.
배고픈가 보다.

겨울 하늘

어린아이 화첩에 해 떨어뜨린 하늘은
소년소녀 꿈 전해 듣고
불그스레 낯을 붉힌다.

초가삼간 처마 끝 걸친 하늘은
청순 가득한 옛 호수
아파트 숲 사이로 새어 나온 새 하늘은
성난 파도 솟구치는 바다
오늘 퇴근해서 오늘 출근하는 숨 가쁜 호흡이
빌딩 숲 사이 하늘 끝에 멈춘다.

노인네들 메마른 가슴 트림까지 삼켜버린
잿빛 겨울 하늘은
썰물이 남기고 간 굴곡진 갯바위

겨울 하늘이 어두운 것은
도는 세상 금 은 흑 빛 다 받아서다.
못 볼 것까지 다 보고도
못 들을 것까지 다 듣고도
세상 토해낸 희로애락 품으려 드리운다.

하늘 노릇 하다하다 만신창이가 되어도
겨울 하늘은
늘 그 자리에 있다.

겨울바람

치맛바람에 할퀸 가슴
과외열풍에 타버린 넋
골목길 싸대치는 겨울바람 일으켜
모자 부녀 앞 뒷줄 타고 날더니 끝내
지하철역 휘감는 칼바람에
팔다리조차 묶였다.

바람아 멈추어다오.

옛날 바람은 철 따라 불었지만
요즘 바람은 철이 없다.
어느 곳엔
항상 광풍 일고
어느 곳에서는
항상 태풍 맞는다.
특히 어느 곳엔
겨울바람만 분다.

바람아 멈추어다오.

옛날 겨울바람이 매섭기로서니
요즘 사철바람 같겠나?
그래도 그 겨울바람은 기다림이었다.
흰옷 입고 재빼기 넘나시던
외할머니 겨드랑이 흰 보자기 속
홍시 세 개 시루떡 두 덩이 품고 온
따스한 겨울바람
이젠 영영 오지 않으려나?

사라진 오솔길

내 고향 둘레 산자락
북풍 막이 고향산(鼓響山)이 울리면
망덕산(望德山) 아래 착한 민초들이
민경(民耕)들 가꾸다 부복(俯伏)하여
조례산(朝禮山) 아래 당상관 모인 형국의
밝은 복락의 터 낭평리(朗坪里)
내 고향이다.

고향 터 그 산에 오른다.
나뭇지게 지고 누빈 아버지 오솔길
막힘과 얽힘 뚫고 돌고 돌아 이제 오른다.
아름드리 소나무들이 막아선다.
가시덤불 우거진 그 길 사이사이
아버지 가쁜 숨소리 먹먹하여
등짐 없는데도 숨이 찬다.

산마루 아래 텅 빈 들판엔
마른 그루터기들 흰 눈 아래 묻고
서산 위 겨울 구름 한 조각
지난 세대 한숨 모아 꾸역꾸역
기러기 떼 품고 늙은 산 넘는다.

고향 같지 않은 고향 산의
오솔길 찾아 헤맨다.

바닷가에서

세상 온갖 잡것 다 집어삼켜
씹어 뱉어낸
억만 고뇌 알알이 모였구나.
모래 언덕 걸터앉아 쌓인 시름 헤다
파도에 분 삭여 실어 보낸다.

하늘 맞닿은 끄트머리 선은
누가 그은 것일까?
바다로 품어낸 세상 한숨
파도가 휩쓸고 간 세상 찌꺼기
모두 모아 한 줄로 세웠나?

자빠져 밀려오는 검푸른 물기둥이
큰 입 벌리고 또 삼키려 한다.
세상을 알기나 하는 것처럼
처얼썩 차르르 사라지는 포말에
가슴 시린 망상을 사그라뜨린다.

눈이 왜 이래

하늘이여!
왜 이러시나요?
전에는 안 그러셨잖아요?
하얀 솜털 같은 함박눈
펑펑 퍼얼펄 내려
소복소복 포근포근 세상 포용하더니
휘몰아치는 눈보라만 내리치시네요.
장독대에 쌓았던 눈을 싹쓸이하고
어찌하여 장독까지 후미진 곳에 옮기시나요?
나뭇가지에 얹힌 예쁨까지 앗아다가
어찌하여 골목길 비탈길에 버리시나요?

하늘이여!
왜 이러시나요?
전에는 안 그러셨잖아요?
싸라기 내리고 우박 쏟을지언정
토도독토도독 떨어뜨리더니
어찌하여 아무 때나 후려치나요?
눈 맞으러 뛰어나온 아이들 안 보이고
눈 피하려 움츠린 어른 아이 모습만
앙상한 숲에 깃든 지친 새처럼 애처롭네요.

하늘이여!
왜 이러시나요?
전에는 안 그러셨잖아요?
사르르 눈 녹여 예쁜 고드름 만들어주고
메마른 나뭇가지 적시더니
어찌하여 길가에도 숲속에도 오물만 쏟아대나요?

하늘이여!
왜 이러시나요?
전에는 안 그러셨잖아요?
온 땅 하얗게 하나로 덮더라도
우리의 체온 미열만은 그대로 두세요.
손바닥에 내려앉은 송이 눈 물 흘릴 수 있게
손바닥 송이눈 호 불어 소원 올릴 수 있게

겨울 산

그 많은 시간 누리고도
늙지 않네요.
그 많은 생명 기르고도
무슨 여유 있어
그 많은 주검까지 다 품나요?

모진 풍상 다 겪고도
후려 맞은 허리 곧추세워
버티고 서서 세상 내려 보는 위상은
허풍은 아닌 듯싶소.
앙상한 나뭇가지 사이 비집고
누군가의 비명 터지는
휑휑 소리조차 스며드네요.

높건 낮건 봉우리마다의 초연함은
정상의 마지막 자존심인가요?
세상 것 벗고 올라도 막고비에 숨이 차오.
세파에 찢긴 아픔 야호로 뱉으니
들어주다 주다 힘겨운지 아휴아휴 받네요.

산굽이마다 지닌 비밀 침묵하다
세월주름 깊이 파인 바윗덩이가
엉덩이를 잡는구려.
오르려만 하지 말고 멈추기도 하란 건가?
전성기 오만함으로 패대기쳐진 낙엽 품고
겨울 산은 단지 거기 멈추었네요.

산토끼

야산 오솔길 겨울 어둠 채 걷히기 전
고독한 속삭임 흐르는 나뭇가지 사이로
훨씬 더 살며시 산토끼[13] 한 마리 고개 내민다.
참으로 오랜만에 어찌 나왔을까?

나뭇등걸 나이테 너머
몇 세대 넘긴 산토끼 한 마리
쫑긋 두 귀 레이더를 세운다.
사냥감 됐던 조상 원한 잊었나 보다.
느긋해졌다.
수줍게 피하다 돌아보고
부끄러이 돌아보다 피한다.
실룩실룩 코끝 들고 뱉는 말
들고양이는 아니겠지?

외로운 겨울 산야
낯선 사람조차 발길 끊긴 종점에서
기다림과 헤어짐 사이 비집고
어느새 많아진 낯선 시간들을
두려움으로 되새김한다.
서툰 세상 홀로 남은 산토끼

---

13 N포 세대

겨울 강가에서

강물은 흐른다.
가지 말라 매달리는 얼음장 밑으로
가면 안 돼 떼쓰는 바람 거슬러
겉과 속이 다른
마음의 강도 따라 흐른다.

강물이 흐른다.
가로지르는
화려한 불빛 유혹해도
그 많은 돌 얻어맞고도
부딪히고 깨어져도
실개울에게까지 다 나눠주고도
생명을 키우러 간다.

강물은 흐른다.
기다림에 지쳐 맴돌다가도
고꾸라져 뒤집혀졌다가도
쉼 찾아 고향 찾아
바다로 간다.

강물이 흐른다.
돌아올 수 없는 강
은하도 내 영혼의 요단강도
결코 멈추지 않는
강물은 흐른다.
본향 찾아서.

누렁소 겨울나기

거적때기 외양간에
누렁소 한 마리가 외롭다.
여름 땡볕 파고들던 쟁기 힘겨움과
덧씌워진 멍에 아픔 곱씹으며
되새김 틈 사이로 한숨 뿜는다.

메마른 지푸라기 여물 탓에 빈 젖꼭지
그렇게도 빨아대더니
똑 닮은 어미 팔려가던 날
그렇게도 목메게 울어대더니
아직도 못 잊어 어미 생각하는지
목 빼고 길게 음매 찾는다.

죽어서도 뼈마디까지 내어준 어미 소
어찌 됐는지도 모르는 채
등줄기 괴롭힌 물것만 생각나는지
파리 쫓던 꼬리 치기 한심하구나.
고삐 풀린 추위가 좋은 건지
추위 벗고 멍에 얹힘이 좋은 건지
영문 모르는 누렁소 콧등 너머 긴 눈썹까지
서린 김이 눈물인 듯 애달프구나.

숲속의 노래

겨우내 차가워진 바위 등 아래
가랑잎 헤치고 다람쥐 한 마리
굳은 사지 뒤틀며 귀를 세운다.
누가 이 새벽을 깨우나?

산새 한 마리
어쩌다 홀로
애처롭게 울고 있지?
어미 찾나 보다.

산새 두 마리
어쩌다 둘이
슬프게 울고 있지?
아기 새를 잃었나 보다.

산새 네 마리
어쩌다 넷이
목 후벼 울고 있지?
사랑싸움 하나 보다.
울 수라도 있어 좋겠다.

산새들의 거짓 노래는
슬픈 뮤지컬
병든 새 신음 반주에
짝 잃은 새의 피맺힌 아리아
굶주린 새의 고달픈 흐느낌
독수리 외마디 소리 뒤 정적은
한 박자 쉼표
새벽안개 드리운 무대 휘장 사이
한 줄기 부신 햇살 조명
막 나오는 작은 새끼의
껍질 깨는 소리는 후렴이다.

겨우내 가슴으로만 울다 지친 다람쥐도
새들의 울음 노래 흉내라도 내며
찌직찌직 간신히 울음 뱉는다.

골짜기

꼭대기[14] 행패에 꺾인 빛 한 줌 얻어먹고도
그대로인 골짜기[15]
먹다 버린 물 한 모금 얻어먹고도
보채지 않는 골짜기
날리는 낙엽까지 주워 먹는 골짜기
정상 풍상에 찢긴 돌덩이 맞아 만신창이가 되어도
끄떡 않는 골짜기

꼭대기에서는 모른다.
스미어 새어 나온 청정수 먹고
더 많은 생명 품어 길러낸다는 것을
꼭대기 못 오르는 사람 모두 맞고
꽃피우고 지는 꽃까지도 품어준다는 것을

잔인한 산마루는 모른다.
제 높아 겪는 고통임을
결코 가질 수 없는 폭포와
결코 키울 수 없는 물고기까지
골짜기 것이라는 것조차도
단지 또 오르려고
오만한 하늘바라기만 한다.

---

14 많이 가진 자들
15 덜 가진 자들의 삶의 터

겨울나기

잿빛 하늘 아래 일렁이는 검은 파도
광야를 휩쓰는 질풍노도
징용 징병 학도병 의용군
한바탕 광야를 휩쓴 겨울 광풍
누가 누구에게 돌을 던지랴!
아버지의 사계는 해가 바뀌어도
언제나 차가운 겨울[16]이었다.

넓히지 못하고 깊게만 파든 척박한 땅[17] 속에
피 같은 땀 묻으시던 아버지
가진 걸 아끼는 게 아니라 없으니 아껴야 한다 하셨다.
아끼다 남긴 생각 한 가지 가족 먹여 살리기
희로애락까지 아껴서 희생으로 빚 갚다 갚다가
빠진 늪에서 가까스로 기어 날 수 있었던 것은
자녀에 대한 기대와 기다림의 끈 때문이었다.

오랜 기다림이 끌고 온 세상[18]
땅 겉 파다가 땅속 굴 파고

---

16 일제 치하와 한국전쟁 시기
17 1차산업기
18 2차산업기

여기저기 우뚝우뚝 굴뚝 섰다.
새벽종이 풍장소리 덮치고
밀짚모자보다 헬멧이 많아졌다.
민머리에 가발 씌우고
쌈짓돈이 통장에 들었다.
그러나 아직 겨울이었다.
파거나 들거나 기거나 오르거나 뿐
하루 25시로 고장 난 시계 판 위에서
숨차기는 더했다.

달걀 대신 과자봉지가 이웃 담장 넘고
라면과 조미료가 판치더니
우리와 내가 우선 다툼하고
통제와 자유 틈에 자율을 끼워
명령과 권유의 차이를 배울 때쯤
기나긴 겨울의 끝이 보이는 듯했다.

갈 테면 그냥 가지
웬 환절기 유행병을 주나?
허파가 붓고 심장이 터져나가는 병이

화려함 가장한 네온사인 사이로 번질 때[19]
부모는 이미 보이지 않았다.
아 세상아!
뒤엎어질지언정 탓하진 말라.
울타리와 사다리까지 돼주었으니
걸치건 기대건 밟고 오르려무나.
무덤 무덤 사이사이로 겨울바람이 간다.

---

19 3차산업기~

겨울 독백

어차피 한 해의 반의반은 겨울이요 하루의 반은 밤이다.
밤이 지나야 해가 뜨고 겨울이 가야 봄이 오지 않나?
겨울이 없으면 철 따라 뿌은 씨 모두 싹튼다.
그러면 먹이사슬이 깨져 결국 다 죽을 수도 있다.
밤이 없으면 그 많은 꽃 다 열매 맺나?
아니다. 오히려 열매를 못 맺는다.
왜 겨울이 춥냐고 왜 밤이 어둡냐고 탓할지언정 욕하진 말라!
전쟁과 빈곤
억압과 폭정
투쟁과 차별 등 쉼 없이 닥쳐오는 추운 겨울!
그 겨울을 이겨낼 수 있었던 건 화려한 방한복 때문이 아니었다.
부모의 희생과
자녀들의 눈물
사다리 오르기를 포기하지 않는 끈기와 도전
개천의 용 되는 꿈
정직과 배려와 봉사
이 숭고한 가치와 공동의 선을 추구하는
가슴에서 솟아나는 강렬한 에너지가 있었기에
그 겨울을 이겨낼 수 있었다.
지나간 시대를 탓할지언정
그 시대를 살아온 사람들을 욕되게 하지는 말라.
그 겨울을 이긴 부모 세대가 없었더라면
오늘이 어찌 있을 수 있으랴!
과거를 부정하면 현재도 미래도 없는 것을!

2
봄 누리기

봄은 단순히
꽃피고 새우는
계절이 아니라
희망과 절망 사이
명암과 희비의 틈 사이마다
목숨 건 처절한 매달림이다.
기다림과 간절함으로 기갈과 각고를 견뎌
가까스로 새 생명을 잇고 자기다움을 피워내는
거듭남이다.
그래서
봄은
사랑이요
부활이요
생명이다.

빈 페이지 생각 채움

봄이
그대 곁에 왔나?

아직은

멀리서 서성대고 있나?

그대의 기다림 크기와
간절함에 비례하여

봄은 분명

그대 앞으로 오리니.

봄 그루터기

고향 마을은 산 좋고 물 맑은 곳이었다.
삼면은 산으로 둘러싸여있고 남쪽으로만 열려 멀리 바다 끝 수평선이 보이는 곳이었다.
북쪽을 가로막은 산언덕의 교회당에서는 이따금씩 맑은 종소리가 울려 퍼지곤 하였다.
그날도 새벽 종소리에 잠에서 깼다.
논두렁 밭두렁을 지나 산기슭을 넘으면 멀리 교회당 종소리가 더 가깝게 들렸다.
유혹에 빠진 듯 생애 최초로 교회당엘 갔다.
왜 갔는지는 지금 생각해도 확실하진 않다.
교회당 안은 교실같이 마루가 깔려있었고 여기저기 방석이 놓여있었다.
초등학교 선생님처럼 풍금 치는 사람, 단 위에서 큰 소리로 노래하는 사람을 남포등 불빛이 비치고 있었다.
방석 위에 무릎 꿇고 앉아 허리를 굽혔다 폈다 하며 때론 통곡하고 때론 하소연하는 할머니들의 모습은 자못 무섭게 느껴지기까지 하였다.
도대체 왜 그러는 걸까? 무슨 말을 저리도 많이 하는 걸까?
기도와 찬송이라는 단어를 알게 된 뒤에야 그 할머니들의 가슴 터지는 외침을 알게 되었다.
그 많은 외침을 할 수 있고 그 많은 하소연을 들어주는 분이 있다는 것만으로도 새로운 천지였다.
사실 언제 누구에게 자신의 힘겨움과 슬픔을 한 번만이라도 하소연해

본 적이 있었나?
굶주림과 막연한 미래에 대한 불안과 싸우기에 급급한 나날이었다.
더구나 유학과 선비 됨됨이를 중히 여기는 가풍 탓에 자신의 감정이나 생각을 드러내본 경험조차 없었다.
이러한 가문에서 새벽에 아무도 모르게 교회당에 나가게 된 것 자체가 큰 사건이 아닐 수 없었다.
부모와 형제의 모진 핍박을 극복하며 정규 예배에 참석하게 되기까지 일련의 과정은 뒤로하려 한다.

어쨌든 인생의 큰 전환점이 되었다.
팍팍한 하루살이에 갇혀 주위를 돌아볼 여유라곤 없었던 일상에서 조금씩 벗어나기 시작하였다.
낯선 할머니들의 나무껍질 손 쓰담쓰담이 얼마나 큰 위로가 되는지 느끼면서 타인에 대한 적대감이나 경쟁의식에만 매몰되어 살아온 자신의 모습을 돌아보게 되었다.
그렇게 가진 게 없어도 곁에 있는 사람들을 배려하고 축복하는 할머니들의 마음의 여유 그것은 참으로 대단한 것이었다.
비록 작은 마음 조각일지라도 공동의 선을 위해 조금씩 나눈다는 것이 얼마나 가슴 설레는 것인지를 느끼게 되면서 나도 모르게 절망이 희망으로 슬픔이 기쁨으로 원망이 사랑으로 바뀌어가고 있었다.
작은 일에도 감사하고 고마워하는 마음이 가슴에 일 때쯤 새벽기도 가는 길 하늘에서는 얼음 막 풀린 별들이 쏟아질 듯 빛나고 있었다.
나에게도 봄이 그렇게 내려오고 있었다.

어린 시절 봄을 기다리는 사람들은 그리 많지 않았나 싶다.
가난한 사람들의 피 마르는 보릿고개 넘기기는 참으로 혹독한 것이었다.
그들에게 봄은 적어도 기다림의 대상은 아니었다.
건넛집 초중학교 수석 졸업한 여학생, 고등학교 가서도 수석 해야 한다고 애쓰다 쓰다 결국 강박증에 우울증까지 걸려 문밖으로 나오지도 못하더니 봄이 오거나 말거나 관심조차도 없었다.
그 건너 홀로 사는 할머니는 찾는 사람 하나 없고 갈 곳도 없으니 움집 어둠에 갇혀 밖에 꽃이 피는지조차도 모르고 살고 있었다.
하지만 봄은 이미 와있었다.
외로운 할머니 집 사립문 밖 살구나무가 꽃망울을 터뜨리고 수석 아가씨네 울타리에도 노란 개나리가 만발하기 시작하였다.
이처럼 봄은 원해서 오는 게 아니라 하늘에서 정한 대로 그저 오는 것이었다.
주변은 모두 호화롭다 못해 현란하기까지 하였다.
꽃들의 향기와 벌 나비들의 여유로운 유희!
봄의 이러한 사치는 어느 사람들에게는 극한 슬픔이요 아픔이 되기도 한다.
3.1만세운동과 4.19, 5.16, 5.18 등이 왜 봄에 일어났는지, 왜 4월을 잔인한 달이라 했는지 고난주간과 부활절이 왜 봄에 속했는지 잘 모르겠지만 우연의 일치는 아닌 듯하다.

봄을 기다리는 사람에게 있어서는 봄이 돌아옴 그 자체만으로도
기쁨이요 행복일 수 있다.
물론 봄을 기다리는 까닭이야 제각각 다르겠지만 말이다.
봄이 오건 말건 무감각인 사람들에게도 봄이 오지 않기를 바라는 사람들에게도 봄이 찾아오는 건 안 오는 것보다는 훨씬 좋은 건 분명하다.
왜냐하면 최소한 추위를 걱정하지 않아도 되기 때문이다.

따스한 빛의 베풂과 산들바람의 보듬음이 꽃봉오리와 새잎을 만들어내고 머지않아 예쁘게 피어날 것이라는 기대감만으로도 행복하지 않은가?
삶에 대한 절망의 순간에도 한 줄기 희미한 빛일지언정 매달릴 희망의 끈이 갑자기 주어질 수도 있고 웃을 일이라곤 생기지 않을 것 같지만 어느 날 갑자기 병아리 삐악 소리처럼 터진 방귀 소리에 자신도 모르게 헛웃음 치는 일이라도 생길 수 있을 게다.
분분초초 마디숨 닿는 것처럼 각박하게 호흡하면서도 처절하게 자신의 삶에 매달릴 수 있는 것은 역설적이게도 그 기갈과 각고의 고통 때문이고 비록 불확실하지만 새 삶의 그 무엇인가에 대한 간절한 기다림이 있기 때문이라는 생각이 든다.
절망과 슬픔에 싸여있어도 그거라도 움켜잡고 끝내 자기다움을 피워보리라는 신념만으로 버티는 게 창조주가 주신 목숨값이다.
신념이야말로 누구에게나 주어진 것이고 돈 주고 사는 것도 아니지 않나?
자연의 봄처럼 베풂과 보듬음과 새 희망이 사람 곁에도 찾아왔으면 좋겠다.
그래서 봄이 사랑이요 부활이요 생명이었으면 참 좋겠다.

우물 파다 웃음 푸다

교회 청년 셋이서
목사님 관사 마당에 우물을 파기 시작했다.
태어나서 처음으로 조건 없이 하는 일이었다.
언 땅 밑으론 청년들의 가슴 뜨거움이 스몄는지
삼 일쯤 되니 좀 수월해졌다.
맛있는 새참 국수를 처음으로 맘껏 먹었다.
땀 흙 범벅 얼굴 보니 씩 웃음이 나왔다.
태어나서 처음으로 웃고 싶어 웃는 웃음이었다.

교회 청년 셋이서
두레박에 흙을 달아 올렸다.
손바닥이 터져 피가 흐를 때쯤 더 이상 팔 수 없게 되었다.
암반이 나타났다.
포기하란 말만 우물을 가득 채웠다.
그럴 수는 없었다.
청년 셋은 한군데만 뚫기 시작했다.
물이 펑 터졌다.
환호성도 터졌다.
태어나서 처음으로 그냥 터져 나온 웃음이었다.

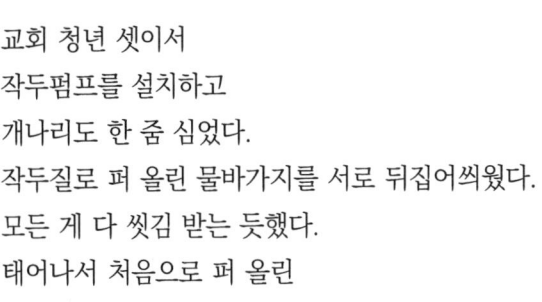

교회 청년 셋이서
작두펌프를 설치하고
개나리도 한 줌 심었다.
작두질로 퍼 올린 물바가지를 서로 뒤집어씌웠다.
모든 게 다 씻김 받는 듯했다.
태어나서 처음으로 퍼 올린
행복한 웃음이었다.

봄이 오는 길목

바위틈 사이 낀 얼음조각 타고
눈물처럼 도르르 봄물이 흐른다.
절벽에 매달린 얼음 기둥 타고도
눈물처럼 똑똑 봄물이 흐른다.
긴 슬픔 덮어줄 봄은
맨얼음 녹이며 조금씩 온다.

나목들의 맨몸을 간질이는 봄기가
멈춘 호흡을 깨운다.
시냇가 버드나무 가지 데우는 봄볕
감긴 봄눈을 틔운다.
에인 아픔 다독여줄 봄은
멈춤 깨우며 살그머니 조금씩 온다.

봄이 오는 길목마다 막아서는
시샘꾼들 살살 제치며
봄은 비록 늦어도
기어이 오고야 만다.
재빼기 넘느라
조금 더 더뎌도

새봄은 어디부터 갈까

지난봄이 아닌 새봄!
어디부터 갈까?
소아암병동 창가에 한 줌 놓고
요양원 담벼락 기댄 휠체어 먼저 올라앉을까?

새봄!
또 어디 갈까?
버려진 땅 자갈밭 모퉁이 들러
들꽃 깨우고
영춘화 봉오리 매만지러 갈까?

새봄!
가기 싫은 곳은 없겠지?
틈새 없는 교도소에도
지하철 플랫폼 거적자리에도
가슴 닫고 눈 감고 마디숨 쉬는 곳까지
새봄은 어느새 와있지.
단지 기다림만 있는 곳이면 어디든

봄 낙수 1

사람 냄새 나는 사람들과
사람다운 일을 하며
사람다운 미소를 나누는
소박한 일상이 그리운 봄이다.
봄은 이미 왔는데
웃을 일이 거의 사라진 세상이 되었다.
혹 웃는다 해도
마지못해 웃는 척하는 것일 뿐이다.
단지
도롯가에 매달린 현수막에 박혀있는 어느 사람들만 예외이다.
누가 웃자고 했나?
그들은 왜 웃을 수 있나?
그렇게 웃음으로 뒤집어쓴 얼굴을
누가 봐주기라도 한단 말인가?
영혼 없는 그 가면 속에 숨긴 것이 과연
어떤 것들일까?
웃을 일이 거의 없는 사람들은
그들의 위선적 웃음에
숨통이 막힌다.

봄이 오는 소리

툇마루 상기둥 기대앉아서
양지 탐욕(貪浴) 한다.
처마 잡은 고드름 타고 흐르는 봄
봄이 오는 소리
귓속 실핏줄 도닥이는 소리

산수유 거친 줄기 손으로 잡고 서서
산들바람 풍욕(風浴) 한다.
노랑 꽃봉오리 매단 껍질 속으로 흐르는 봄
봄이 오는 소리
손목 타고 내달리는 맥박소리

뒷동산 고목나무 걸터앉아서
햇무리 걸친 산림욕(山林浴) 한다.
나무 사이 터진 빛 타고 흐르는 봄
봄이 오는 소리
심장 두들기는 박동소리

봄 부스러기

가만히 귀 기울이면
온통 봄이 오는 소리다.
그러나
평소 그 소리를 듣지 못하는
현실이 안타깝다.
맥박을 느끼는 것만으로
살았다고 할 수 있을까?
단순히 동물적 생존의 궤도가 아니라면
다른 그 무엇이 있어야 한다.
희망, 사랑, 가능성!
이런 것들이 있을 때
비로소
단순한 피돌기가 아닌
흥분과 열정과 기쁨이 하나 된
뜨거운 심장이 뛰는 것이다.
적어도 청소년들에게만이라도
봄 햇살이
공평하게 비추이고
봄이 오는 소리가
골고루
들리는 세상이면 좋겠다.

야유회

야유회를 언제 어디로 갈까?

벚꽃 축제 구경?
벚꽃 하면 일본 사람 떠올라
친일이잖아?
충무공 기리는 군항제 벚꽃 잔치도 있잖아?
우리 조상들이 옛부터 사랑한 꽃이긴 한데
차라리 무궁화동산으로 가면?
그러면 극우잖아?

배꽃 축제장은?
배 따 먹으려고?
배나무 밑에선 갓끈도 고쳐선 안 돼.
그건 오얏나무 밑에서 그렇지
괜히 의심받을 이유는 없어.

체리 농장은?
굳이 외래어 이름의 꽃을?
학교의 외래어 표식 다 없애랴 했는데……
그럼 북한식 언어 배워야지!

그럼 다수결?
과반 찬성이 없으니 올 야유회(野遊會)는
교내 일제 잔재 가이즈까향나무나 캐면 어떨지?

정말 야유회(揶揄會) 됐다.

봄이 오는 듯 가고

봄이란 건
오거나 말거나
있으나 마나
차가우리만큼 맑은 하늘 보며
고프거나 싶거나 뿐
그래서
가거나 말거나 이었었지.

봄이란 건
곁눈질하는 듯 마는 듯
달리다가 맞다가
보다가 말다가
그래서
만난 듯 스친 거였었지.

봄이란 건
기다린 듯 몰라보고
왔다 싶을 때 가버리고
좋구나 싶을 때 슬프고
그래서
그런가 싶을 때 아닌 거였었지.

봄이란 건

안 오는 듯 이미 오고

고운 듯 애처롭고

아름다운 듯 비참하고

숨 막히는 잿빛 하늘이어서

잡힐 듯 잡히지 않는

그렇게

슬퍼도 좋은 거지.

옛 봄 그 편지

봄의 전령들이 여기저기
봄 편지를 뿌렸다.
희망 지닌 노랑 편지 오다 말고
사랑 담은 빨강 편지 가다 만다.
뇌민하는 주홍 편지 손에 쥐고
젊은 봄은 안절부절못했다.

봄의 전령들이 여기저기
봄 편지를 주웠다.
하얀 편지 풀 먹인 여고생 교복 깃에 사뿐 앉고
얼룩 편지 위장 그물 친 남학생 교련복 소매 끝에 붙는다.
방죽 안 뒤엎는 개골 편지 끌어안고
젊은 봄은 와자지껄하였다.

봄의 전령들이 여기저기
봄 편지를 날랐다.
빈약한 나비 날갯짓 힘겨워도 그침 없고
영리한 꿀벌 몸짓 지쳐도 멈춤 없다.
나비도 꿀벌도 꿀 값으로 수분하지만
꿀벌은 꿀을 언제 따로 모았나?
붕붕 나폴 벌 나비 나른 편지 새기면서
젊은 봄은 알쏭달쏭하였다.

봄 흩은 얘기

배고픈 사람에게 봄이
무슨 의미가 있으랴!
빵 한 조각만도 못한 것을……

바쁜 사람들에게 봄이
무슨 의미가 있으랴!
살짝 눈 붙임만도 못한 것을……

욕망에 사로잡힌 사람에게 봄이
무슨 의미가 있으랴!
자리 지키기만도 힘든 것을……

사람들에게 봄이
무슨 의미가 있으랴!
옛날의 봄과 오늘날의 봄이 같을 수 없고
옛사람과 현대인이
다른 호흡이듯
봄은 그저 각각의 것일 수밖에 없다.
단지
각각이 가지려 해도
황사나 미세먼지 코로나가 앗아간 봄은
봄 같지 않은 봄이니
참으로
안타까운 봄이다.

봄꽃이 아름다운 까닭

얘야! 난 도저히 안 되겠어.
둘이 빠져나가기는 너무 비좁아.
너라도 먼저 나가.
아냐 네가 먼저 나가.
아냐 네가 나보다 더 힘이 세잖아.
내 어깨를 밟고
그래 미안해.

새벽 안개바람에 뺨 맞아
파르댕댕해진 얼굴 뾰족 내밀고
햇살 베풂 바들바들 빌어
방울방울 노르댕댕 멍울 맺는다.
산들바람 보듬음에 감사하여
하늘 향해 미소 보낸다.
그래 고마워.

묻힌 친구 희생 넋은 향이 되고
하늘 아비 따스한 빛 고운 색 되어
대지 어미 순한 바람 빗질 모양내서
빚 갚으려 벌 나비 나눔 살이 하니
그래 아름답구나.

4월은 허무한 달

교문 앞 게시판에 공납금 미납자 명단이 내걸린 달
4월이었다.
교문 앞 게시판에 장학금 수혜자 명단이 내걸린 달도
4월이었다.
내 이름 석 자가 앞에는 있고 뒤에는 없었다.
참 허무하였다.

대문 앞 공터에 복사꽃이 흐드러지게 핀 달
4월이었다.
장독대 옆 빈터에 살구꽃이 흐드러지게 핀 달도
4월이었다.
예쁘단 말 한마디 못 했는데 비바람에 다 털렸다.
참 허무하였다.

수돗가 언저리 튤립이 핀 달도
베란다 낡은 화분 속 팬지꽃 핀 달도
4월이었다.
새끼손톱 밑 가시 박혀 예쁜지 고운지 몰랐는데
어느새 한두 잎밖에 안 남았다.
참 허무하였다.

4월이 60번도 더 지나는 동안
이름 석 자 한 번도 못 뽑힌 게
허무하다.
화무십일홍보다
홀로 지는 꽃보다
예쁘다는 말 한마디 못 듣고 지는 꽃이 더
허무함을 알게 된 게 참 허무하다.
꽃도 함께 보아야 아름답다는 걸 뒤늦게 알게 된 게
참 허무하다.
예쁜 꽃을 예쁘다고 느끼지 못하는 나의 4월은
참 허무하다.

봄 새김질

밀알이
썩지 아니하고는
싹을
틔울 수 없다.
이는
자기희생이자
다른 희생을 동반하는 것을 의미한다.
모든 씨가 다 발아하여 살 수는 없다.
누군가의 희생과 도움이 있어
그 싹이 거기서 나오는 것이다.
새싹이 돋았다고 해서
홀로 자랄 수는 없다.
햇빛 먹고
물 마시고
바람 쏘여야
비로소
성장할 수 있는 것이다.
빛처럼 물처럼
바람처럼
베풂과 보듬음은
세상 살아가는 사람들이

사람다워지고
함께 생존하기 위한
최소한의 규범이다.
가끔씩이라도 좋으니
옆에 누가 있는지 바라보는
여유를
가질 수는 없는 것일까?
그리고
조금씩
나누며
살아갈 수는 없을까?

장미의 유혹

꿀벌아! 향기에 속지 마.
조심 안 하면 가시에 찔려.
나비야! 고운 색에 속지 마.
잎에도 톱니가 있어.

얘들아!
장미에 속지 마.
유혹하려는 거야.
자세히 보면 속살은 달라.
진디가 스멀스멀 간질간질
자리자리하다.
향수로 미역 감고
성형한 미모로
그저 유혹하려는 거야!
얘들아 속지 마.

하긴 탓해 뭘 해.
너도나도
장미가 좋아서만 가까이하는 건 아니잖아?

봄 푸념

겉만 봐서는
알 수 없는
세상이 되었다.
부딪혀 겪어봐도
끝내
알 수 없는 게
우리의 모습인 듯하다.
속고 속이고
속이고 속고를 반복하는
악순환이 피를 말린다.
보통 사람들의
작은 거짓이야 그렇다 해도
가진 게 많은 사람들의 거짓은
참 아프고
서럽다.
보통 사람들에게서 알게 모르게 조금씩 빼앗아
모은 것들로
보통 사람들을 알게 모르게 꼬드겨
서서히 숨통을 조이는 위선과 권력 때문에
죄 없는 장미만 탓하는 안타까운 봄이다.
장미가 화려하기에
지는 모습은 더없이 추함을
왜 모르는가?

복수초

저 어린 것을 누가 내동댕이쳤을까?
이 산기슭에
얼마나 착하게 살았으면
살아있을까?
이 겨울 끝까지
누굴까?
흰 눈 목화 솜 이불 덮어준 이가
낙엽 꿰맨 외투 씌워준 이가

저 가녀린 것을 누가 내버렸을까?
이 후미진 곳에
얼마나 두려웠으면
살그머니 고개 내밀다 해 질 녘 다시 숨을까?
누굴까?
모자 씌워준 이가
장갑 끼워준 이가

저 예쁜 것을 누가 내쫓았을까?
이 차가운 곳에
얼마나 서러웠으면
세상 뚫었을까? 이 겨울 끝에서
누굴까?
황금 원피스 입혀 꺼내준 이가
겨울왕국 슬픈 추억 기억하는 이가

수선화

외다리 허약함을 갑옷[20]으로 감추고
용감한 듯 세상을 뚫고
기어이 솟다가
반쯤은 봉오리로 고꾸라지고
반쯤만 꽃피우는구나.

심술궂은 바람에 부대끼다
그나마 반마저도
열매조차 못 맺는구나.

잘났으면 얼마나 잘났고
힘이 세면 얼마나 세기에
자랑질하는지
겨우 한 몸에 한 송이밖에 못 피운 주제에
그나마 파리하기까지 하면서
애달프구나.

가녀리면 가녀린 대로
예쁘기만 한데
튀려만 하지 말고 어울렸으면
사랑받기 딱 좋은 모습인데
아깝구나.

---

20 수선화의 비늘줄기

튤립

요리 보아도 예쁘고
조리 보아도 예쁘다.
모나거나 굽은 곳 없고
튀어나오거나 삐친 곳 없으니
창조주가 아니고서는
누가 이 예쁨을 만들 수 있단 말인가?
금 손가락으로 살짝 건드리면
하늘 향한 예쁜 찬양 종 울릴 듯하다.

노란 꽃이라 부름이 모자라 노오랑 꽃이 되고
빨간 꽃이라 부름이 모자라 빠알강 꽃이 되니
창조주가 아니고서는
누가 이 고움을 만들 수 있단 말인가?
은 손가락으로 살짝 건드리면
하늘 향한 촛불잔치가 되겠다.

모양보다 색깔보다
더 아름다운 것은
청순한 향기
고고(高古)하고 순결한 아름다운 향
창조주가 아니고서는
누가 이 향기로움을 만들 수 있단 말인가?
꽃잎 따서 살짝 건드리면
하늘 향해 절제된 향 피어오른다.

진달래

반세기 전에는
그루터기까지 뽑아 갔잖아요.
간신히 살아남으면
싹둑싹둑 밑동 잘라 갔잖아요.
그래도 살아남으면
꽃까지 따 갔잖아요.
그래도 그때는
땔감으로
화전으로
두견주로
죽어서도 한몫했었지요.

반세기 동안에는
척박한 땅에 버려진 진달래
누가 심기나 했소?
누가 가꾸기나 했소?
아니잖아요.
척박한 땅에
그냥 버렸잖아요.
무연고 묘지기나 하라고

반세기 후에는
보아주는 이조차 하나 없고
척박한 땅마저 밀어버렸잖아요?
뿌리내릴 곳이 아예
없어졌잖아요?
좋은 곳으로 옮겨준다고요?
그냥 두세요. 제발
살던 대로 살게라도 해줘요.
흩은 뿌리 조각조각들
한 시절 꽃피울 희망만이라도
꺾지 마오.

봄 넋두리

입 닫히고 팔다리 묶인 채로
보고도 못 본 체 듣고도 못 들은 체
살아왔던 세월을 역사는 알고 있다.
그래도
실낱같은 희망이 있었기에
후손을 위해 작은 밀알이라도 기꺼이 되었던 게 아닌가?
역사가 바뀌니 이제 아예 관심 밖으로 던져졌다.
이리저리 휘돌리고 내버려졌다.
기갈에 신음하는 소리를 들을 새도 없이
승자들만의 축제에 이미 취해있었다.
아예 무시된 군중은 한동안 방치된 그곳에서 신음하고 있었다.
역사가 또 바뀌었는데도 이번에는 아예 희망이 절망이 돼버렸다.
편싸움에서 승리한 그들은
그들만의 소리만 듣고 그들만 옳다고 그들만의 소리를 낸다.
진달래 캐다가 아파트나 빌딩 숲 사이에 심는다고 꽃이 피기나 하려나?
혹 핀다 해도 모란에 묻히고 목련에 눌려 꽃 행세나 할 수 있겠나?
봐주는 이 하나 없고 돌봐주는 이 전혀 없는 곳에 던져진 채로
어찌 살라 하는가?
진달래는 그저 진달래답게 살고 싶을 뿐인데
그들만의 힘으로 아무 데로나 옮겨 심으려 한다.
요즘 진달래는 마땅히 뿌리내릴 곳조차 찾지 못하고 있다.

앞산을 들어 뒷산으로 옮겨 쌓을 힘까지 지닌 그들은
생명의 뿌리까지 송두리째 흔들어대고 있다.
그래서
두견화는 오늘도 두견주에 취한 듯 실성한 듯
삶에 지친 외마디를 토해내고 있다.
그저 진달래답게 살고 싶다고

개나리

이웃집 사이에
허울 좋은 울타리지기
뿌리 끝 엮여 함께 나눠 먹고
같이 피었구나.
말이 울타리지
텃새들 터놓고 스며들고
고양이 강아지 드나드는 미로 위
햇살 엮어 내린 비밀 막 사이로
이웃집 밀어랑
사랑싸움 한숨까지도 자유로 흐른다.
옛 개나리는 나눔과 소통의 통로였다.

시멘트 쳐 바른 곳곳에
허울 좋은 개나리
매연 나눠 먹고
외로이 버텨 자라
팔 벌려 절박하게 구조를 외친다.
말이 개나리꽃이지
숨 막히게 내려앉은 잿빛 구름 덮고
옛 노랑 빛바랜 초라함으로
옛 생기 잃은 낯 들어 억지 미소 보낸다.
요즘 개나리는 삶의 절규이다.

봄 낙수 2

개나리는
이웃이 함께 나누는 꽃이었다.
내 꽃 네 꽃이 따로 없고
개나리 울타리 사이사이로
이웃의 정이 넘나들었다.
요즘보다 훨씬 힘들고 팍팍한 일상이었지만
개나리는 희망과 기쁨의
사랑스러운 꽃이었다.
한 시대가 지난 요즘
개나리는 이름값을 잃은 지 오래이다.
개나리를 꽃으로 생각하고 보고 싶어 하는 사람이 과연 얼마나 될까?
개나리꽃이 주는 기쁨과 환희와 사랑은 이미
화려한 이름의 외래종 꽃들이 다 앗아가지 않았나?
화려한 스펙과 예쁜 외모와 가지가지 힘 가진 자들의 현란한 무도회에
서민들의 초라한 삶이 묻혀버린 것처럼 말이다.
정직과 성실
바르고 착하게 등은
옛 초등학교 교실 앞 액자 속의 급훈이 사라졌을 때
이미 자취를 감추었고
기상천외한 술수와 모략이
힘이 되는 세상이 되었다.

황사로 뒤덮인 아파트 숲 사이 간신히 연명하는 개나리꽃 위로
극심한 미세먼지가 마지막 호흡까지 막아버린다.
점점 높아지는 시멘트 담벼락과 빌딩 숲 사이에 낀
사람들의 메마른 정서는
꽃을 바라볼 여유조차도 갖지 못한다.
팔 뻗을 공간조차도
빛줄기 한 올 스며들 틈조차도 점점 사라져가는
이 절박한 현실이
개나리의 옛 추억 조각까지도 앗아가는 게 너무도
아리다.

꽃들의 전쟁

살구꽃 거리에서는
살구꽃만 피어난다.
살살 사알살 그들만의 소리로
톡톡 톡톡톡톡 터진다.
터지지 않고는 죽을 것처럼
살구꽃 거리에 모인 사람들
세상에서 가장 예쁜 꽃은
역시 살구꽃이라고 외친다.

복사꽃 거리에서는
복사꽃만 피어난다.
복복 복복복복 그들만의 소리로
폭폭 팍팍팍팍 터진다.
터지지 않고는 죽을 것처럼
복사꽃 거리에 모인 사람들
세상에서 가장 예쁜 꽃은
역시 복사꽃이라고 외친다.

꽃들의 예쁨 다툼은 방방곡곡으로 이어진다.
매화꽃 거리에서는 매화꽃 터지는 소리로
무궁화 거리에서는 무궁화 터지는 소리로

그들만의 소리로 외친다.
이 꽃 저 꽃 옛 꽃 새 꽃들의 예쁨 다툼[21]은
꽃 지고 잎 말라 불구덩이에 던져져도
그치지 않는다.
어느 꽃이든 어디에 피든
색향이 다를 뿐 다 꽃이거늘
꽃구경 엄두도 못 내는 더 많은 사람들이 외친다.
화무십일홍이라고

---

21 온갖 집회와 시위

꽃의 아우성

생애 절반도 더 어둠에 묻혔다가
눈 뜨고 팔다리 돋자
더욱 치열해진 아귀다툼
키다리 사이로 빛 한 줄기 받아먹고
난쟁이들에게 물 한 모금 얻어먹고
간신히 오금을 폈다.
배신자 바람줄기는
하늘 길 터주더니 금세 팔을 비튼다.

할퀴고 찢기면서도
이런저런 것 앗기고 지키는 사이에
간신히 얼굴을 내밀었다.

맵시 내고 잠시 행복했던 건
고작 나비 한두 마리와
꿀벌 서너 마리와
그런저런 나눔이었다.

오! 꽃이다. 예쁘다!
인간의 포효와 욕망의 검은 손
순식간에 동강 난다.
내동댕이쳐진 운명이여

인간아!
당신이 꽃을 알기나 하나?
아름다움이 무엇인지 알기나 하나?
당신은 분명
제아무리 사랑스러운 것도 금방 미워질 것이고
제아무리 소중한 것도 금방 내버릴 것이고
그러다가 어느 날 갑자기
분명 당신 자신조차도 내동댕이쳐질 거야!

추모의 상념

살아계셨을 때
어머니보다 더 많이 불렀던 할머니!
온갖 짜증 다 받아 맞장구쳐주셨다.
구멍 난 양말 꿰매시던 손가락이
생선가시 발라주시던 가냘픈 손가락이
새벽 찬물에 머리 감고 참빗질하시던
예쁜 손등이
보고 싶다.
할머니가 그립다.

태어나기 전 돌아가신 할아버지
글 읽다 빚만 남기셨다는데
기억이 없다.
추억이 없으니 추모도 안 된다.

살아계실 때
아버지보다 더 많이 불렀던 어머니
투정으로만 불렀던가?
돌아가신 후 어쩌다 불러보는 어머니
맺힌다.
그립다.

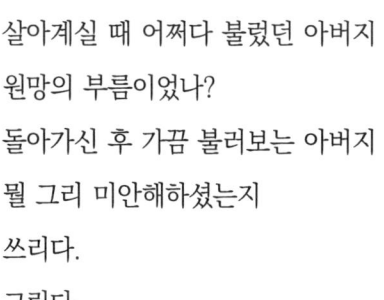

살아계실 때 어쩌다 불렀던 아버지
원망의 부름이었나?
돌아가신 후 가끔 불러보는 아버지
뭘 그리 미안해하셨는지
쓰리다.
그립다.

사는 동안 어쩌다 불리는 아버지
내 부름보다 더 적은가?
그 이름엔
차라리 원망이라도 있을까?

내가 죽어 불릴 이름 아버지
그냥 아버지일까?

내가 죽어 불릴 할아버지
그 이름에 어떤 추억이 있을까?
기억이나 날까?
할아버지라 불리기나 할까?

슬픈 봄이라도 좋다

봄 이름만 와도
슬픈 봄이어도 좋다.
봄답지 못해도 좋다.

꺾인 봄이어도
추운 곳에만 와도 좋다.
잿빛 하늘이고
새는 빛이라도 데려오니 좋다.
박한 바람이어서
답답한 호흡으로라도
초라한 꽃이라도 피워서 좋다.

봄이 그냥 지나가도 좋다.
슬픈 꽃잎 떨어뜨리어
썩다 남은 작은 파랑새 덮어주고
전철역 음습한 어둠의 철길 위에도
한 잎 주고 가니까

봄이 다시 오면 더 좋겠다.
기다리는 봄으로
노랗고 볼그스레한 봄으로

눈앞으로
가슴속으로
새롭게 살그머니
봄이 또다시 오면 더 좋겠다.
봄이 안 오는 슬픔보다
슬픈 봄이어도
왔다 가는 봄이어도
다시 오면 좋겠다.

5월의 신비

5월은 신비롭다.
에덴 버금가는 동산을 만든다.
5월이면 고운 천지가 된다.
꽃은 가장 꽃다운 색으로 나무는 가장 나무다운 색으로
아롱다롱 변한다.

5월은 신비롭다.
출애굽 버금가게 뛰쳐나온다.
5월이면 천지가 요동친다.
저마다 가슴 설레어 소용돌이 일고
싹은 싹답게 꽃은 꽃답게
방방 뛰쳐나온다.

5월은 신비롭다.
노아 방주 버금가는 생명을 품는다.
기는 거 나는 거 온갖 것들이
어디 있다가 한꺼번에 쏟아져 나오는지
겨울 견딘 작은 생명들이 가장 저답게
쏙쏙 살아 나온다.

신비한 5월은
소돔과 고모라 버금가는 아픔을 준다.
버려진 이 뉘며 뽑힌 이 누구인가?
화려한 5월 휘장 속에
싱그러움과 슬픔이 다채로움과 추함이 솟고라져
펄펄 용광로가 된다.

봄의 독백

어느 계절의 장례 행렬이 슬프지 않겠느냐만
봄철의 장례는 더욱 슬프게 느껴진다.
아버지도 어머니도 봄철에 돌아가셔서 그런 것만은 아닌 듯하다.
주변에는 온통 새 생명이 솟아나고 꽃들이 만발하여 화려한데
이 기쁨과 환희를 뒤로하고 죽음을 맞는 것에 대한
상대적 감정이 극에 달해서일 것 같다.
빛의 밝기와 그림자의 짙기가 비례하는 이치와도 같은 것이다.
개개인의 추억 속에는 아름다운 계절이나 슬픈 계절이
따로 각인된 듯하다.
봄이 와도 기쁘기만 하지 않은 것은 바로 이 때문이다.
분명한 것은
자연 현상의 봄은 인생에서의 봄과 일치하지는 않다는 점이다.
삶의 정도를 나타내는 척도는 다양하겠지만
엘리베이터와 에스컬레이터를 주로 사용하는 생활을 한다면
중산층 이상이라 할 것 같다.
여기에 더하여 외제 차와 5G폰 무제한 요금제를 사용한다면
상류층일 듯하다.
삶의 모양이 다양해진 요즘
어느 획일적 기준으로 계층을 분류한다는 것은 무리이겠지만
과거에 비해서는 계층 간 삶의 질 차이가 더욱 극명하다.
매년 그러하듯 2월 중순 지나면 새봄이 곧 오겠지만
코로나19는 종식되지 않을 듯하고
그렇게 간절히 기다려온 백신인데
맞을까 말까 망설이는 현실이 답답하기만 하다.

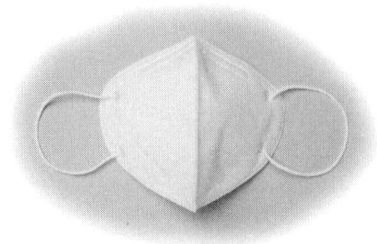

여기에 더하여
미세먼지는 점점 높아져 이제는 정말 마스크를 벗고 살 날이
오기나 할 것인가 걱정이 된다.
이러한 어려움이 닥치면 상류층보다는
하류층 사람들이 더 힘들고
더 슬프고
더 아프기 마련이다.

마스크 한 개 사려고
새벽부터 거리에 나와 길게 줄 서서 기다리는
믿기지 않는 모습을 본 게 얼마 전이었나?
아동 학대
자녀 살해
존속 살인
묻지 마 폭력과 무차별 살해
가족 집단 자살 등
공포영화 속에서조차 일어날 것 같지 않은 이 끔찍한 일들이
너무도 비일비재한 현실!
그렇게도 소름 돋던 뉴스들인데
언제부터인가 그런가 보다고 지나치는 자신의 모습에
오히려 소스라치게 놀란다.
왜 이럴까?

사람마다 생각이 다르겠지만
사랑이 사라졌기 때문이라 본다.
사랑이란 부모와 자녀 사이의 사랑이나
기성세대의 차세대에 대한
또는 청소년의 어른에 대한
그런 사랑만을 말하는 게 아니다.
억울한 일을 당하는 사람을 보면 같은 억울함을 느끼고
슬픈 일을 겪는 사람을 보면 같이 슬퍼해줄 수 있는 정서
이웃의 기쁜 일을 보면 같이 기뻐하고
축하해줄 수 있는 마음이
바로 참사랑인 것이다.
뿐만 아니라
주변 자연 현상을 보고도 다양한 희로애락을 느낄 수 있는
풍요로운 정서가 곧 진정한 사랑이다.
요즘 우리들의 삶에
이러한 사랑이 고갈되었기에
사회는 점점 흉폭해지고
어두워진다고 본다.

부모의 잘못된 자녀 사랑이
사회악이 되고
지도자들의 잘못된 세상 사랑과 소유욕이
나라의 운명을
나락으로 빠뜨린다.

언제부터인가 자신에 대해
자기 것에 대해
그리고
남의 것을 차지하는 것에 대한
사랑이 점점 그 정도를 더해가고
그 밖의 다른 것에 대한 사랑은 싸늘하게 식어만 간다.
보이는 것에 대한 사랑은 더해가는 반면
진리라든가 사회적 가치처럼 보이지 않는 것들에 대한 사랑은
점점 사라져간다.
무엇을 어떻게 사랑하느냐는 매우 중요하다.
사랑해서는 안 될 사랑에 빠져
사랑해야 할 것에 대한 사랑이 메마른 세상에서는
자신의 불행은 남 탓하고 다른 사람의 불행은 나 몰라라 하면서
그들의 기쁨은 오히려 시기하고 질투하는 현상이 생길 수밖에 없다.
나라를 이끄는 사람들은 물론 너 나 가릴 것 없이
모두가 사랑 회복에 앞장서
정책과 공약과 사회운동으로 사랑 나누기에 나서야 한다.
경찰과 검찰을 개혁하고
법을 바꿔 범죄자를 어떻게 수사하여 어떤 벌을 주겠다는 것만으로는
극악해지는 사회악을 줄여나갈 수 없다.

또 하나의 이유는
소망이 없기 때문이다.
옛날에는 비록 가난했지만 노력하면 잘살 수 있으리라는 희망이 있었고 어떤 사람이 되어
어떤 일을 해서 다른 사람들에게
어떤 유익함을 나눠주겠다는 소박한 소망들이 있었다.
그랬기에 그 힘든 세월을 살아날 수 있었고
그랬기에 오늘과 같은 경제적 풍요라도 누릴 수 있게 된 것이다.
하지만
요즘은 상류층 일부는 잘 모르겠지만
대부분 사람들에게 바람직한 희망이란 없는 것 같다.
오를 계단도 사다리도 걷어차이고
비빌 언덕조차도 그냥 넘어야 할 고개마저도 사라져버렸다.
단지 절벽 앞에 서있을 뿐이다.
이러한 절박함을 누가 모르랴마는 애써 외면한 채
아예 낙하산 타고 초고속으로 오르내리는 계층까지 따로 있다.
당장 나 개인의 삶을 영위할 방법도
자신의 미래도 아예 보이지 않는데
공익이며 베풂이며 더불어 살아야 한다는
이 허울 좋은 미사여구가 생각이나 나겠는가?
앞길이 막막한 사람은 그저
누구든 건드리기만을 기다리고 있는지도 모른다.
참 슬픈 현실이 아닐 수 없다.

다음으로는 믿음이 사라졌기 때문이다.
부모의 말을 자녀들이 믿지 못하고
대통령의 말을 국민들이 믿지 않는 것 같다.
이러한 판국에
사회 지도층 사람들의 허울 좋은 구호를 믿을 사람이 과연 얼마나 될까?
친구의 말도 직장인들 서로 간에도 서로 신뢰하지 못한다.
속지 않으려고 혈안이 되어 바짝 긴장하고 살아가는 하루하루이다.
얼마나 많이 속아왔으면
얼마나 많이 당했으면
이런 바이러스가 사회 곳곳에 퍼져있을까?
사람들만의 문제는 아닌 듯하다.
자연 현상조차 예측 불가이다.
삼한사온이라든가 산 좋고 물 맑다든가 천고마비 계절 등
이런 아름다운 말들은 이미 사라진 지 오래이다.
여기저기서 불나고
지진 일어나고
비행기 떨어진다.
영화 촬영하듯 자동차 나동그라지고
선박은 뒤집어진다.
막노동에 내몰린 근로자들은 떨어져 죽고 끼어 죽고 숨 막혀 죽어나간다.
그동안의 자연의 운용 법칙에 대한 믿음이 사라져가고
사회를 지탱해왔던 법이나 규칙이나 양심이나 선량함 등을
찾아보기 힘들다.

정직하게 성실히 살아야만
삶다운 삶을 살 수 있다는 믿음 자체가 다 깨져버렸다.
오히려 정직하면 손해 입고
성실해도 얻을 것이 없다는 것을 경험하게 될 뿐이다.
믿고 의지할 게 점점 사라져가고 있다.
세상이 이러하니
심지어는 종교적 지도자들에 대한 믿음과 존경도 점점 사라지고 있다.
더욱 슬프고 급박한 것은
자기가 신봉하는 신에 대한 믿음조차도 고갈되고 있다는 점이다.
이런 일들을 과연 어찌할 것인가?
사랑과 소망과 믿음이 회복되지 않는 한
다른 방법은 없다.

꽃구경을 비교적 많이 하는 편이다.
꽃에 관심을 갖게 된 초기에는
유명 화훼단지나 공원, 정원, 관광지, 꽃 축제를 찾아다녔다.
그런데
이름만큼 큰 감동을 얻지는 못했다.
꽃보다 사람구경이 더 많았고
꽃을 보는 게 아니라 꽃밭을 스칠 뿐이었다.
일단 사람들은 바쁘게 서둔다.
대부분 꽃밭을 스쳐 지나간다.
멈춰 서는 경우는 사진 찍는 순간이 고작이다,

사진도 자신은 주인공이고 꽃들은 배경이자 조명일 뿐이지만
그래도 사진에 담긴 꽃은 제 역할의 하나를 한 셈이다.
산이 좋아 등산을 다녔을 때
산에 오르는 사람들의 한풀이식 등정에 매몰되는 게 싫어
동네 뒷산만 찾게 된 꼴이 된 것과 비슷한 맥락이다.

산을 오르는 걸 즐기려는 게 아니라
이를 악물고 정상을 정복하려고만 하는 사람들이 너무도 많았다.
이러한 단면들은 분명 예사로운 게 아니다.
이겨야만 되고
높아져야만 되는 욕망에 사로잡힌 일상이
자신도 모르는 사이에 정서적 구조 자체를 변질시킨 것이기 때문이다.

요즘 같은 세상에
꽃구경을 하거나
산을 오르는 여유로운 사람들이 얼마나 될까마는
스쳐지나가는 꽃구경이라도 한풀이 등산이라도
이는 살 만한 사람들이나 누릴
특권이 아니겠는가?

곧 다가올 봄에는
아마도 꽃구경은 고사하고
산을 오르지도 못할 것 같아
좁은 뜰 안에
작은 팬지 서너 포기라도
심어봐야겠다.

호숫가 봄맞이

해 들던 초가들 삼켰으면서도
곤두박질친 건너편 산자락까지도 한입에 물고 있구나.
포클레인 매몰찬 삽 운 좋게 피한 참나무 뿌리는
수몰인들의 마지막 설움까지도 움켜쥐고
비바람에 깎인 벼랑 끝에 매달려
물에 빠지지 않으려고 안달이 났다.
고향 지키려고 애걸했던 그때 그 사람들처럼

굽이도는 고갯길마다
굴곡의 삶을 버티다 굽은 등들을 잇대었다.
한 서린 지팡이 끝에 묻혀 날린 흙가루 튀어
아직도 혼탁한 수면 위로
향수 품은 물안개가 펴오른다.

언덕배기서 고꾸라진 등걸에 걸터앉아
은신한 할미꽃 한숨 듣고
한 모금 마시고 숨 고르니
스르르 잠드는 늙은 황소 눈두덩처럼
힘없이 감기는 눈시울이 뜨뜻해온다.

지금은 간 곳 모르는 그 사람들!
까맣게 잊고 보란 듯 뻗쳐있는
나무데크 길이 잔인하리만큼 뻔뻔하다.
그 많은 사연 품고 침묵하는 호수
물결 대신 흐르는 노을 따라 가보니
삭정이 사이에 걸린 해 조각이 맥없이 처진다.

등나무와 상사화

등나무는 보이는 사랑을 한다.
하나인 듯 둘인 것은
만남이다.
사랑은 서로 다름의 만남이다.
둘인 듯 하나 되는 것은
사랑하기 때문이다.
사랑은 갈등과 갈등의 합일이다.
사랑은 같은 듯 다르고
다른 듯 같아지는 하나 됨이다.

상사화는 안 보이는 사랑을 한다.
잎이 져야 꽃이 핀다.
자신을 바쳐 한 떨기 꽃을 피운다.
꽃 속에 흐르는 생명수는 잎이 만든 것
애틋해하지 말자.
꽃 향도 잎과 꽃이 함께 만든 것이니

등나무의 보이는 사랑은
화려한 꽃 모빌로 아름다운 사랑을 보이고
시원한 그늘로 넉넉히 품는 사랑을 베푼다.

상사화의 안 보이는 사랑은
내면에 흐르는 사랑의 절정으로
잎과 꽃이 뿌리 속에 사랑의 보금자리를 튼다.
사랑을 사랑하여 해 지나도 다시금
잎도 꽃도 이어 핀다.

보이는 사랑과 안 보이는 사랑이
서로 사랑해야
비로소 느끼는 사랑이 된다.

낙엽 속의 봄

낙엽 한 켜 젖히니
지난해 버렸던 사랑 한 조각
거기 묻혀있었다.

낙엽 한 켜 더 젖혀보니
지지난해 버렸던 희망 한 조각도
거기 썩고 있었다.

낙엽 몇 켜 더 젖혀보니
버리고 싶지 않은 것들은 모두
거기 묻혀있었다.

깊은 숲의 낙엽 속에는
쌓인 낙엽보다 쌓은 낙엽이 더 많았다.
걷어내고 또 걷어내니
썩는 냄새까지 걷어보니
비로소
그곳에 새 생명이 움트고 있었다.

봄 낙루

인간들의 무한한 욕망은 급기야
천체의 움직임까지 변화시키고 있다.
우주 쓰레기가 점점 늘어나
머지않아 쓰레기를 머리에 이고 사는 꼴이 될 듯하다.
기후도 변하고
계절의 오고 감도 이상해졌다.
우리나라의 봄이 점점 일찍 오고 짧아진다.
추위와 보릿고개가 줄어드니
가난한 사람들에게는 불행 중 다행인 면도 있겠지만
봄이 와도
봄 같지 않은 봄이기에
안타까울 뿐이다.
새 생명을 얻은 듯
모두가 기쁘고
희망에 찬 봄이 그립다.

따스한 사랑의 싹이 돋아
따뜻한 돌봄이 되고
뜨거운 감동으로
방방곡곡에 피어나는
그런 봄이었으면
참 좋겠다.

빈 페이지 생각 채움

봄이
보였나요?

봄 소리를
들었나요?

봄 냄새를
봄을

누렸나요?

3
여름자라기

여름은 단순히
정열과 낭만의 푸름이 아니라
번영과 쇠락
절제와 방종
인내와 포기 사이의
극한투쟁이다.
그래서 여름은
정점을 향한
막고비 고통이다.

빈 페이지 생각 채움

여름 태양과
겨울 태양은
같은 태양 아닌가?

중요한 건

좌표와 입사각이 아닐까?

우린

지금 어디서

어딜 향해

어디까지 가서

어디로 되쏠 건가?

여름 그루터기

봄꽃나무들이 대부분 잎보다 먼저 꽃을 방방 팡팡 산뜻하게 터뜨리는 데 반해 여름꽃나무들은 대부분 잎이 먼저 피어나 자라면 그 잎 사이를 비집고 도도하게 피어오른다.
여름 산야는 온통 초록과 흰색으로 뒤덮인다. 아카시아와 밤나무, 조팝나무들이 하얀 꽃을 뭉게구름처럼 피워내는 모습은 정말 장관이 아닐 수 없다. 강렬한 햇살을 조절해야 생존하는 생태학적 원리이겠지만 여기서 또 한 번 조물주의 섭리를 느끼지 않을 수 없다.

삼라만상이 가장 강렬하게 자기다움을 드러내는 여름이다.
식물은 식물대로 뿌리를 점점 깊이 박고 가지와 줄기를 있는 힘껏 뻗친다.
맹꽁이 요란하게 울어대고 뻐꾸기는 쉴 새 없이 목을 긁어댄다.
매미들은 시원하게 바람을 부르고 개미들은 부지런히 땅바닥을 긴다.
사람도 예외가 아니다.
겨우내 움츠렸다가 봄에 축적한 젊은 에너지를 발산하기 시작한다.
신체적으로 정신적으로 정서적으로도 최고조에 달한다.
여기에는 개인뿐만 아니라 법, 제도, 이념, 정치, 사회, 문화 등 인간을 둘러싼 모든 것들이 그러하다.
일단 방향성을 잡고 일정한 세력군을 형성하면 그들만을 향해 줄달음친다. 계속 앞을 향해 가면서도 맨 앞에만 서려 한다.
이처럼 자신들의 세계를 쟁취하여 넓히려는 욕망은 끝이 보이지 않는다.

그런데 여기서 자칫 잘못하면 소멸되고 만다는 사실을 간과해서는 안 된다. 뿌리를 너무 깊이 내리면 썩을 수 있고 가지를 너무 뻗으면 시들 수 있다. 온갖 풀벌레들도 지나치게 날뛰면 천적의 먹이가 되고 광야를 누비는 동물들조차 쉴 곳을 알고 멈추지 않으면 결국 죽음을 맞는다.
사람은 더더욱 그렇다.
이는 조물주의 섭리다.
개인은 물론 단체나 국가도 성장과 번영을 이어갈 것인가 아니면 타락하여 쇠락의 나락으로 빠질 것인가는 각각의 에너지를 어떻게 관리하느냐에 달렸다.
본능적 욕망을 제어하지 못하여 방종하면 쇠락할 것이요 이를 절제할 수 있으면 번영할 것이다.
인간의 욕심이 계속 자라면 사망에 이른다고 한 성경 말씀이 진리이다.
산과 들이 아름다운 것은 키 큰 나무들과 키 작은 것들이 절제와 나눔으로 공생하고 그들이 품어 기르는 갖가지 새들과 벌레들의 노랫소리가 어울려 건강한 숲이 되었기 때문이다.
이런 면에서 자연은 인간보다 앞서며 이는 자연이 인간보다 먼저 지어진 이유이기도 하다.
말 못하는 식물들조차 저 스스로가 제각각의 몫을 알고 절제하여 나누며 살아가거늘 하물며 만물의 영장으로 지어진 사람들이 여기에 미치지 못한대서야 말이 되지 않는다.
그런데, 이 말도 되지 않는 현상이 계속 일어나고 있다는 게 참으로 개탄스럽다.

사실 생명을 가진 것들이 주어진 시간을 버텨 살아남는다는 게 그리 쉬운 일이 아니다.
피우자마자 비바람에 꽃잎을 빼앗기고 아무리 버텨도 태풍에 뿌리까지 뽑히기도 한다.
알게 모르게 병 벌레가 치고 들어와 만신창이로 만든다.
장난으로 던진 돌멩이에 맞아 죽는 개구리가 있는가 하면 취미로 쏘아 댄 엽사들의 총탄에 맞아 급사하는 동물들도 부지기수이다.
사람들의 삶에 예외가 있을 수 없다. 오히려 자연이 겪는 재해에 더하여 인간의 절제하지 못하는 욕망에 의한 피 튀기는 싸움이 그칠 새가 없다.
사람이기를 포기한 잔인한 버림과 찌름과 죽임은 말할 것도 없고 부주의와 외면으로 육해공 지하의 어디든 억울하고도 슬픈 죽음이 쉼 없이 일어난다.
더욱 무서운 건 우연한 사고가 아닌 합법을 빙자한 폭력, 논리를 앞세운 주장, 민주를 업은 제도나 법률 그 자체도 우리의 생사를 가르는 경우가 있다는 점이다.
하지만 아무리 힘들어도 포기하면 그나마 살아남지 못한다.
누구든 무엇이든 타고난 역할을 해내기 위한 막고비 고통이라 생각하고 인내하여 버텨야만 한다.
정상 직전이 가장 가파르지 않던가?

정열과 낭만이 넘친다는 푸른 여름 속에 함께 빠지지 못하는 이들의 여름 나기는 더욱 힘들다.

빈 페이지 생각 채움

더위 탓하지 말고
무덥다 짜증 말자.

답답하다 뚫려야
시원한 걸 안다.

많다고 막 쓰고
적다고 안 쓰면

없는 것만 못하다.

밤나무 골의 비애

한반도 지형 닮은 밤나무 골
통째로 사서 이사 온 농장주
밤 털어 돈 주우려만 했어요.
독불장군 재배방식 휘두를 때
고집부리지 말라는 충고조차도
못 들은 척 좌충우돌하더니
상처투성이 밤나무만 많아졌어요.

상처 비집고 병균 치밀어
밤나무 한두 그루씩 시들자
방제 약 살포하자 권했어요.
몇 그루 죽고 괜찮아질 거라며 종횡무진하는 사이
병균은 바람 타고 벌 나비 안겨 퍼져
무더기로 말라죽기 시작했어요.

짙은 향으로 벌 나비 모아 꿀 나눠주고
하얀 꽃 잔치에 알밤까지 열어주던
마을 사람들 목숨 같았던 밤나무
죽은 나무 베던 날 아직 살아있는 것도 있다는 농장주 말이
마을 사람들 애절한 가슴팍을 후벼 팠어요.

어차피 죽을 것들은 죽고
살 것들은 살아남는다더니
나머지 밤나무도 모두 죽었어요.
백여 년을 이어온 밤나무 골
아! 사라질지도 모른대요.

모깃불 추억

논두렁 밭두렁 깎아
소여물 주고 남긴 거친 풀
쑥대 섞어 모깃불을 피운다.
흰 연기 모락거려 낮 더위 태워 보내고
바깥마당 정자나무 지붕 삼아
낡은 멍석 가장자리 돌돌 말아 베개 삼고
지친 몸 누이신 아버지 한숨도
모락모락 피어오른다.

개울가 맹꽁이 울음에 치여
소년의 노래는 엇박자가 되고
깜박이는 별처럼 고요해진다.
무릎 벤 아들 모기 물릴까 봐.
콩밭 매던 어머니 지친 손부채만
달아나는 모기향 끌어모은다.

쑥대 향 그리운 곳 찾다 잦고
하늘 멀리 그믐달 희미한데
귓가를 스치는 모깃소리는
할머니 서툰 자장가 된다.
고요 타고 들려오는 슬픈 그리움
솥쩍다 하다가 솥쩍
솥쩍 하다가 솥쩍다 한다.
제발 솥텅은 하지 마라.
그리다 그리다 밤새울지언정

채송화와 분꽃의 사랑

손잡으려 발돋움 하다 하다
지쳐 주저앉은 채송화
분꽃 향해 붉게 타는 가슴 가슴앓이
용기 내어 미소 보내지만
분꽃은 수줍어 고개 숙인다.

품으려 팔 벌리다 벌리다가
넘쳐 솟아오른 분꽃
채송화 향해 붉게 타는 가슴 가슴앓이
용기 내어 미소 띤 밀어 건네지만
채송화 수줍어 고개 숙인다.

애타는 둘 사랑 시샘하다 하다
한바탕 울부짖는 꽃비바람
용기로 맞서다 서다
분꽃 팔 늘어지니
수줍게 애타던 채송화
얼떨결에 품에 안고 흐느낀다.

그래! 진정한 사랑은 아픔이야!
찢긴 상처 보듬고 하루 한두 시간[22]쯤
다음 또 다음 날도
그런 사랑 너무 아쉬워
철 지나서까지 속삭이다
해 바뀌어도 거기서 또 만난다.

---

22 아침에 피어 오후 2~3시경 꽃을 접는 채송화와 오후에 피었다가 아침에 꽃을 접는 분꽃의 생태, 두 꽃의 핀 상태가 서로 겹치는 시간

어머니 장독지기 꽃

초가삼간 뒤꼍에 숨겼던
어머니 장독대
올망졸망 장독 사이
아들들 벼슬하라 가꿨던 맨드라미
아파트 베란다에 옮겨 왔다.
낯설어 피다 만 맨드라미
어머니 모습처럼 애틋하구나.

어머니 장독대 맨드라미 사이
피고 지던 봉선화
봉선화 꽃 터지듯 복 터지고
봉선화 씨 퍼지듯 자식 퍼뜨리라던 꽃
아파트 화단 가에 내동댕이쳐졌다.
낯설어 피다 만 봉선화
어머니 모습처럼 안타깝구나.

모란이면 모란인 것을

모란이면 어떻고 목단이면 어떤가?
예쁘면 됐지.
모란을 꽃이라 부른대서 누가
꽃은 모란만이라 했나?

동쪽에서 피면 어떻고 서쪽에서 피면 어떤가?
아름다우면 됐지.
변두리에서 피면 어떻고 가운데서 피면 어떤가?
꽃 중 여왕이면 됐지.

향이 특이하면 어떻고 색이 다르면 어떤가?
벌 나비 찾으면 됐지.
5월에 피면 닷새 가고 6월에 피면 엿새 가나?
고작 하루 차이인 걸.

어차피 모란은 모란인데
어째 시샘만 있고 시비만 남나?
여왕다운 여왕 노릇[23] 참 어렵구나.
화려하게 폈다 추하게 진다 해도
모란은 모란인 것을.

---

23 리더 역할

폭포 앞에 서면

누가 저 파멸을 두고 감히 아름답다 했나?
아는가? 그대!
흑암의 땅속 뚫는 억겁의 고통을
뻗친 뿌리마다 먹이고 한 방울씩 모으는 인고를
그래도 그대 이 비장한 추락을
아름답다 하려나?

누가 저 비명을 듣고도 감히 시원하다 했나?
아는가? 그대!
얼마나 시린 한이 맺혔으면 기온까지 깨는지
무수한 파편들의 처절한 울부짖음을
그래도 그대 이 장엄한 쏟음을
시원하다 하려나?

누가 저 광경을 보며 감히 경이롭다 했나?
아는가? 그대!
폭포 이전의 폭포 되기 위한 천신만고를
폭포 순간의 폭포다운 장렬한 희생 값을
그래도 그대 이 찰나의 부활을
경이롭다 하려나?

폭포 앞에 서면 단지 무아지경일 뿐!

바닷가 참회

태초 이래 찌든 때 닦고 닦는다.
자신을 부수어 통탄하며
켜켜이 쌓인 오욕의 얼룩을
닦고 닦아내다 지쳐
한숨소리조차 점점 잦아든다.
포기한 듯 스르륵스르륵 떠나간다.

탐욕으로 찌든 때 닦고 닦는다.
몸부림쳐 포효하며
켜켜이 박힌 미련과 후회들
닦고 닦아내다 지쳐
울음소리조차 지쳐 점점 잦아든다.
포기한 듯 산산이 부서진다.

이 땅에 무슨 한이 그리도 많아
이다지도 장렬히 산화하나?
질책의 노도인지 소금바람인지
흩어지는 물보라처럼 번뇌도 부숴버려라 제발
탐욕의 죄악 씻어내다 내다
가슴 터지듯 폭파하는 파도여 소금바람이여!

안개꽃 아내 꽃

아내는 안개꽃을 좋아했다.
가녀림이 마음에 들고
바라볼수록 맘이 맑아지고
안으면 사랑이 솟는다 했다.

아내는 안개꽃을 닮았다.
화단에서보다 꺾여야 더 예쁨 닮아
남편 뒷바라지로 꺾였고
수반 위 필러 플라워로 더 예쁨 닮아
자녀 뒷바라지에 닳고 닳았다.

아내에게 평생 안개꽃 한 송이조차도 줘보지 못했다.
안개꽃 닮아 더위 덮고 절화수명 다한 날
빈소에 가득한 꽃들을 차마 볼 수 없었다.
꽃은 그래서 슬프다.
무덤 옆에 안개꽃 한 줌 놓고 내려오는 길
뒤돌아보다 보다 희미해진 두 눈에는
산마루 끝 피어나는 아내 품은 운무만 가득했다.
안개꽃 닮은 아내는 그렇게
안개꽃 닮은 운무 타고
하늘로 갔다.
흰 꽃은 그래서 더 슬프다.

원추리

뒷동산 바위 뒤에 숨어
살며시 고개 내민 수줍은 소녀
노랑 꽃 리본 들켜버렸네.

이른 봄부터 임 바라기 하느라
새벽부터 이슬 따 먹더니
소녀의 노랑 민낯
더위에 드디어 벗겨졌구나.

그토록 기다린 임
맑은 눈 맞춤이
고작 하루[24]라니
아! 이 슬픈 이별을 초연한 척
소녀는 속삭임도 없이
조용히 입을 닫는구나.

---

24 아침에 피었다가 저녁에 지는 원추리의 특성

깨어진 수박

꽃밭에 심겨진 수박
한 줄기가 툭 튀어나와 울타리를 탄다.
햇빛 사냥 욕심부려 높이높이 오른다.
핀 꽃 끝에 도토리만 한 수박이 맺혔다.
욕심껏 먹고 뻗쳐 핸드볼 공 크기가 되었다.
참으로 신통방통하였다.

태풍이 몰아쳤다.
수박은 줄기까지 끌어안고 나동그라졌다.

바닥 기던 다른 수박 줄기에는
축구공만 한 수박덩이들이 여기저기 자라고 있었다.
서로 엮인 넝쿨은 다른 꽃들 사이 비집고
햇빛 나누며

수박은 원래 땅 위에서 그렇게 자라야 했다.

해바라기

하늘이여!
햇빛 한 가닥 주소서.
태양을 그리며 이렇게
해바라기 합니다.
햇기라도 좋으니
내 작은 손 잡아주소서.

하늘이여!
햇살 한 올 주소서.
태양을 우러러 이렇게
해바라기 합니다.
볕뉘라도 좋으니
내 지친 목 붙들어주소서.

하늘이여!
햇볕 한 줌 주소서.
태양을 사랑하여 이렇게
해바라기 합니다.
햇발이라도 좋으니
내 작은 얼굴 보듬어주소서.

뭇 해바라기들아!
꽃이 피면 돌아설[25] 거면서
뭘 그리 가증스럽게까지
바라기가 아니라도
태양은 모두의 것이니
거저 누리거라.

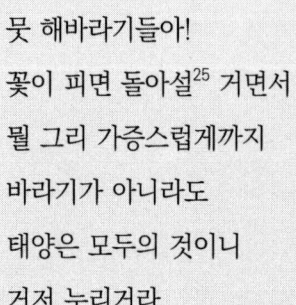

---

25 해바라기가 꽃봉오리 때까지만 해를 향하다가 꽃이 피면 멈추는 것같이, 일단 목표를 이루면 아부도 사랑도 변하고 배신하는 인간들의 타락상

개똥참외 추억

콩밭 모퉁이 개똥참외 점찍어놓고
아침에는 엄마 심부름 자청하고
저녁때는 아빠 심부름 앞장선다.
마음은 언제나 콩밭에 있었다.

참외 따러 콩밭에 심부름 간 날
참외 한 개 먼저 먹을까 말까
몇 번을 망설였던가?
콩 포기마다 배인 아버지 진땀 냄새에
차마 그럴 수 없었다.

참외 먹던 밤
덥석덥석 받아먹다 보니
아버지는 겨우 참외 꽁다리 한입
은하수 희미한 별빛에 비친 아버지의
초췌한 모습이
가슴속으로 아프게 파고들었다.
어둠 가르고 내리쏟는 별똥별 따라
개똥참외 욕심도 여름밤 하늘에 잠겼다.

애수 서린 봉숭아

봉숭아꽃이 쉼 없이 피고 진다.
수다 떠는 여인네들 붉은 입술처럼
이슬 먹고 눈물 젖은 흰 꽃까지
건드리지 말라는 청순가련함으로
속절없이 피고 진다.

봉숭아라 우기지 말고
봉선화라 고집하지 마라.
핀 꽃을 보고도 모르겠나?
원조 손톱장식 슬픈 추억 안은 꽃
언제 또 수술할지 몰라
겨우 새끼손가락 한 개에도 물들이지 못하고
크리스마스도 첫사랑까지 포기한 채
열 번이나 수술 받은 여인
봉숭아 꽃잎 되어 그리 지고 말았다.
하루가 아쉬워 더위 먹고 서리 업을 때까지
슬픈 봉숭아는 봉선화로 그리 피고 진다.

자리다툼

대문 지킴이 담쟁이 벽 기어오름 이기려고
울타리지기 덩굴장미 철조망 치고
뭘 더 막으려고 짙은 향까지 뿜는다.

기쁜 소식 담아 온 나팔꽃은
왼쪽[26] 돌아 틀어막고
수백 꿀벌 병사 거느린 인동
오른쪽[27] 돌아 맞선다.

호박 덩굴손까지 뜬금없이 거들어도
벌 나비 새 떼조차 못 막으면서
하늬바람 타고 나는 백로 그림자[28]
어찌 막는다고.
그침 없는 자리다툼은 그들 본태인 것을

---

26 나팔꽃 줄기의 왼쪽 방향으로 감아 오르는 생태, 좌파, 진보
27 인동 줄기의 오른쪽 방향으로 감아 오르는 생태, 우파, 보수
28 위선

꽃은 안 보고 꽃송이만 세는 세상

뜰 모퉁이 홀로 핀 백합 앞에서
예쁘고 고움에 이리 보곤 저리 보곤 했었지.
허리 굽혔다 폈다 하며 향에 취해
한두 걸음 물러섰다 다가서곤 했었지.
꽃 혼잣말 손바닥 귀로 모으며 괜히 속삭였지.
장미꽃 한 송이 받아도 그랬지.
꽃 한 떨기는 보는 것조차 아꼈지.

뜰 가운데 첫 모둠꽃밭 앞에서
뽐냄에 울긋불긋 치장에 매료됐었지.
오묘한 향기에 미혹되어
몽환적 맴돌기를 했었지.
꽃 이야기 솔깃하여 따라 했었지.
풍성한 꽃다발 받아도 그랬지.
뜰 안에 꽃밭이 있다는 것만으로도 행복했지.

유명 관광지 디자인된 정원 앞에서
와자지껄 형형색색 현란함에 매몰돼
자연미 덮어버린 인공미 쥐어 잡고
적어도 백만 송이는 피우려는 아우성
그 처절한 외침을 복창했었지.
그곳의 더 큰 떼창이 이기는 세상처럼

하지만 어찌
내 뜰에 핀 한 떨기 꽃에 비기랴!
내 뜰 안의 한 뼘 꽃밭에 견주랴!

배롱나무 메롱 나무

뭘 그리 좋은 세상이라고
서둘러 눈을 뜨나?
어차피 힘든 세상 좀 더 쉬었다 가자.
벌거벗은 몸으로 간신히 동사 면하고
늦은 봄 햇살 끼고서야 살며시 눈을 뜬다.

어이구! 꼴들 보기 좋다.
그렇게 날뛰더니 벌써 한세상 다 봤나?

긴긴 겨울 봄까지 짓눌림 그렇게도 참아내더니
작열하는 해보다 더 치열하게 뿜어대는구나.
이죽이죽 메롱 메롱 하면서

세상 찌든 껍질 벗어던지고
세상 티끌 묻은 손가락조차 싫어 몸서리치며[29]
마지막 잎새 진액까지 다 내어준
앙상한 가지 끝에 매단 열매까지 부순다.
그렇게 명맥 이으려 몸 사르고
여기 또 맨몸으로 죽은 듯이
혹독한 겨울 속에 침잠한다.

---

29 배롱나무 껍질 없는 줄기와 간지럼 타는 생태

해도 해도 너무한 되풀이 기다림
가면[30] 쓰다 쓰다 지쳐 꽃잎[31]까지 주름진 한 살이
주변에 꽃 백일홍이라도 심어 동행시킬까
혹 내년에는 덜 외로울까 몰라.

---

30 공해에 찌든 생육환경, 미세먼지, 바이러스, 각종 비리, 부조리
31 젊은 세대

전원의 사치

눈을 떠서 창밖을 본다.
액자 속 풍경화 한 폭
이 아름다움을 그릴 이 과연 누구일까?

귀를 열어 창밖 부름 듣는다.
아카펠라 음률의 속삭임
이 아름다움을 부를 이 과연 누구일까?

마음 가다듬어 뜰 안에 선다.
형형색색 큼 작음 조화의 종합예술
이 신비함을 지은 이 과연 누구일까?

비가 오면 비가 오는 대로
바람 불면 바람 부는 대로
안개 사이 빛살 조명 받아
천상의 축제가 한창이다.
지음도 지휘도 조물주인데
아!
누려도 될까?
이 미안한 행복을

지친 새 한 마리라도
쉬어가라 하자.
두려워 떤 청개구리 한 마리라도
숨었다 가라 하자.
벌 나비 유희는 그대로 두고
길 잃은 강아지 드나들게
울타리 개구멍이라도 막지는 말자.

아내의 텃밭 정원

뜰 모퉁이에 첫 텃밭 꽃밭 일구고
채소 심고 꽃 심었을 때는
부부 텃밭 정원이었다.

해 바뀔 때마다 넓히더니
잔디밭까지 텃밭 정원 되었다.
비 맞으며 상추 뜯는 아내 뒷머릿결 행복 흐르고
비 개인 날 방울토마토 따는 손가락 끝 기쁨 달린다.

호미 들고 잡초 대신 행복 캐던 아내는
쉼 없이 꽃 심고 사랑 심는다.
두 눈 반짝이며 통통 튀는 아내는
싹 틔우고 꽃 피우는 요정이 된다.

정원 테이블 위 차 두 잔에
파라솔 뚫은 햇살 잔영 띄워서
사랑 설탕 행복 크림 섞어 내는
아내의 입가에도 웃음꽃 핀다.

텃밭상자 이어놓고
플랜트박스 잇대놓아

이름 모를 꽃들 만발하자 이제는
아예 아내의 텃밭 정원이 되었다.

아내는 꽃만 보고
나는 잡초만 보다 꽃은 스쳐보지만
아내의 텃밭 정원에서는 언제나
기쁨 주어 사랑 가꾸고
감사 품어 행복 낳는다.

모를 이름 삼복 헤어나기

여름 더위 첫 고비 넘는다.
초복 희생양 약병아리 무수히 뚝배기 속에 쪼그리고
뜰에는 꽃들도 숨 막혀 존다.
이름표가 없으면 무슨 꽃인지 알 수조차 없는
이름표가 있으면 뭘 해
어차피 모를 이름이여
루드베키아, ……아, 데이지, ……지, 칼라, ……라……
도대체 뭐라는 건지
초복 첫 고개 참 덥구나.

여름 더위 둘째 고비 넘는다.
중복 희생양 황구 백구 무수히 뚝배기 속에 찢기고
아파트 단지에는 강아지들 숨 막혀 할딱인다.
이름표가 없으면 무슨 강아지인지 알 수조차 없는
이름표가 있으면 뭘 해
어차피 모를 이름이여
푸들, ……어, 웰시코기, ……츠, 사모예드……
도대체 뭐라는 건지
중복 둘째 고개 참 힘들구나.

여름 더위 셋째 고비 넘는다.
말복 버티는 아파트 무수한 그림자 땡볕 피해 거꾸로 박히고
아들네 찾아온 노파 썩은 벤치에 주저앉는다.
이름표가 없으면 아들네 집 알 수조차 없는
이름표가 있으면 뭘 해
어차피 모를 이름이여
……브, ……힐, ……빌, ……크, ……스, ……지……
도대체 뭐라는 건지
말복 셋째 고개 참 야속하구나.

여름 밤하늘

뱁새가 황새 따라가면 가랑이 찢어진다 했나?
뒷배 없는 영재 뒷배 업은 둔재 따라가는 데는
뭐든 도둑질이라도 하라는 건가?
깨진 별 꿈이랑 초라한 반딧불이 꿈까지
산산조각 나 여름 밤하늘에 흩어진다.

서울 간 선남선녀들 금의환향한다 했나?
시골 만석꾼이라도 서울 집 가지는 데는
뭐든 도둑질이라도 하라는 건가?
별 흩어짐 바라보는 빈 가슴 할퀴며
산산조각 난 꿈 지키려 영혼까지 판다.

여름 밤하늘에
일자리 차지한 수많은 별 그림자
아파트 불빛 잠긴 은하의 깜박임
전월세 끌어안고 추락하는 별똥별
아예 까만 여름 밤하늘 되려 하나?

여름 밤하늘에
티끌 하나 떨어진다고
저 많은 별 사이 소쩍새 한 마리 낀다고

저 많은 별 얘기 속 뜸부기 울음 잦아든다고
매정한 저 하늘 청개구리 눈물이라도 머금을까?

큰 바람이 한 줄기 인다.
밤하늘 귀퉁이 어둠 덮어온다.
터지는 천둥이 하늘을 찢는다.
여름 밤하늘을 태풍이 삽시간에
산산조각 낸다.

정자나무 아래에는

여명 향해 기지개 켜고
햇빛 한 줌 먹고 이슬 한 모금 마신다.
간밤 속삭이던 처녀 총각 밀어
못 들은 척
어머니처럼 오늘도 그 자리에 있다.

한낮의 폭염 이고
빗발치는 욕 다 얻어먹고 얽힌 한숨타래 칭칭 맨다.
간밤 두들겨 패던 늙은이 넋두리
모르는 척
아버지처럼 오늘도 그 자리에 있다.

황혼 향해 팔다리 들고
흐느낌 받아먹고 피눈물도 마신다.
종일 지친 노인네들 아픔
괜찮은 척
할머니처럼 오늘도 그 자리에 있다.

몰라서 그렇지 사실
정자나무 아래에는
무거운 책가방이랑 짐지게랑 떠드는 소리랑

관절염이랑 조울증이랑 고독, 공포, 병이랑
원망, 절망, 미움, 사랑이랑 소원이랑
없는 게 없다.
적어도 요즘 정자나무 아래에는
있을 건 다 있다.

그래서
정자나무는
천재 머리와 천사 가슴과
넓은 하늘을 지고 산다.
없어도 될 것까지 품고 산다.

고향 산

산은 누구나 오르나요?
오르려는 이
오를 수 있는 이들 먼저 오르지요.
산에 들어서려도 않고 들어설 수조차 없어도
끝내는 억지로 들려서라도 오르지요.
결국 산은 모든 이를 오르게 하지요.

산에 들어서면 기분 좋아지는 건
산이 세상 티끌 걸러주기 때문이지요.

산등성이를 오를 때 가슴이 벅차는 건
산 비움과 세상 채움이 맞서기 때문이지요.

산의 정상에서 절정의 쾌감을 느끼는 건
가슴속 풍선 하늘로 뻥 터지기 때문이지요.

산을 내려올 때 맘 가벼워지는 건
마음 짐 내려놓았기 때문이지요.

산을 내려와서 다시 올려다보는 건
언제 또 오를 수 있을까 셈하기 때문이지요.

산에서 마음이 평안해지는 건
산처럼 흙으로 지어졌기 때문이지요.
언젠가는 누구나 돌아가야만 할 고향 산
바로 에덴동산이기 때문이지요.

여름 나기 추억

우물가 빨랫돌 한 손 짚고
두레박 한 바가지 등물 졸졸 받으며
나머지 한 손으로 배를 문지른다.
아버지 거친 손 비누 대신 사랑으로 문지르고
두레박 한 바가지 물 쫙 부어주신다.
이보다 더 시원함은 한 번도 없었다.
등물이 더 시원한 것은 사랑 때문이었나 보다.

들일 마친 저녁녘에
시냇물 속에 몸을 담그면
숨 쉬기 힘들 만큼 시원했다.
아버지 작아진 등 밀며 침 꼴깍
내 등 밀던 아버지 거친 손끝 깊은 숨
이보다 더 시원한 목욕은 한 번도 없었다.
해수욕하고 목욕탕 나온 것보다도
멱 감는 게 더 시원했던 것은 아버지 때문이었나 보다.

"아이스케이크, 얼음과자"
까까머리 여름 달구는 외침이 이어진다.
아이스케이크 나무상자 둘러메고
장터 지나 마을 골목길에 주저앉는다.
팔다 남은 형체 모를 얼음과자 한입 물면
이보다 더 시원한 아이스케이크는 한 번도 없었다.
어떠한 ……'콘'보다도 어떠한 ……'바'보다도
얼음과자가 더 시원했던 것은 아버지 몰래라서 그랬나 보다.

매미와 청년

천 길 땅속에 묻혀
어둠 속 기어 나무뿌리 빨며
숨죽여 우는 공부만 몇 해였던가?
굼벵이는 그래도 꿈이 있었다.

세상 뒤안길에 갇혀
정답 없는 세상 정답 찾기
숨죽여 찍는 공부 몇 해였던가?
청년들은 그러면서도 꿈이 없었다.

지옥에서 기어 나온 매미
갇힌 한 모아 모아서
세상을 뒤집듯 함께 울어댄다.
고작 한 여름 살려고
그리 오랜 세월 묻혀있었나?

공부지옥 벗어난 청년
갇힌 한 모아 모아서
세상을 다 가질 듯 함께 뛰닫는다.
고작 모든 걸 포기하려고
그리 오랜 세월 묻혀있었나?

울지 못하는 매미
청춘 잃은 청년의
헛몸짓만 여름 속에 또 묻힌다.

오만한 칡의 종말

명감나무와 찔레꽃나무 서로 부둥켜안고
산기슭 버틴다.

소나기 퍼붓던 날 칡이란 놈 한 그루 뿌리박더니
무서운 힘으로 소나무 등줄기 기어오른다.

얘야! 쉬엄쉬엄 같이 가자꾸나.
잘났다고 혼자만 가면 위험하단다.
명감 찔레 잡는 손 요리조리 피하며
칡은 하늘 높이 솟는다.
소나무 사이 새는 빛도 충분한데 나누면 어때서
뭘 그리 홀로 독차지하려는지!

어느 날 갑자기
밑동에 톱질당하고
후회할 새도 없이 뿌리까지 뽑히니
종달새 둥지 세 들어 사는
뻐꾸기 슬픈 듯 비웃듯
뻐꾹뻐꾹 삐삐삐삐
산기슭에 메아리친다.

빈 페이지 생각 채움

올해의 여름은
적당히 덥고

올 여름비는
적당히 내리고

여름 바람은
적당히 불어다오!

여름 타박

사계 중 두 계절을 아우르는 말은 봄여름이 유일하다.
아마도 봄이 점점 짧아지고
여름은 점점 길어지는 기후 변화를 예측하기라도 했나 보다.
최근 변화한 기후는 이미 우리나라 것이 아닌
기온과 강수량과 바람을 불러일으키고 있다.
왜 이럴까 두렵기까지 하다.
하늘이 죄악으로 범람하는 지구를 그대로 두지 않으려나 싶다.
미세먼지와 바이러스와 천재지변이 지구를 무너뜨리고
과학이 예측조차 하지 못하는 상황이 쉼 없이 벌어지고 있다.
여름의 높은 기온과 충분한 수분을 공급받는 식물들은
무섭게 성장한다.
주변의 것들을 모조리 집어삼킬 듯 올라타고 갉아먹고 옭아매어 숨통을 조인다.
그래도
자연 생태계는 하늘에서 정해준 규칙에 따라 서로 경쟁하고 상생한다.
유독 그 공생의 규칙과 질서를 어기며 상대방을 몰락시키는 건
사람들뿐인 듯하다.
사람들은 하늘이 부여한 것 외에
자신들 스스로가 정한 규율과 질서조차도
마음대로 뒤집고 지키지 않는 오만을 자행하고 있다.
청년의 혈기와 노년의 옹고집과 아이들의 철없음이
함께 소용돌이치고 있다.
이대로 계속되면 서로 공멸할 수밖에 없다.
누구든 먼저 멈춰야 한다.

과욕과 오만을 다스리고
서로의 곁을 바라봐야 한다.
누가 뭐라 해도 여름은 성장과 풍성함과 싱그러움이 넘실대는
젊음의 계절임에 틀림없다.
푸른 바다와 초록의 산야는
생각만으로도 쉼과 낭만이 아닐 수 없다.
하지만
여기에만 매몰된다면 지혜로운 여름 나기가 아니다.
뙤약볕에서 쉼 없이 땀 흘리는 농민들의 수고를 잊어서도 안 되고
언제 일어날지도 모르는 홍수와 가뭄
질병과 해충들의 공격을
방관해서도 안 된다.
더구나
탐욕과 개인주의와 집단 이기주의에 매몰돼
편 가르고 한쪽 방향으로만 질주하는 것은
공멸의 길이다.
그래서 여름은
흥분과 긴장의 연속이며
멈춤과 역동 사이의 다툼이다.
이는
낮과 밤
양지와 음지가 있어서
생명이 잉태하고
호흡이 이어짐과
같은 이치가 아닐까?

4 가을 거두기

가을은 단순히
결실의 계절만이 아니다.
여름 절정의 잔영이며
스스로의 삶을 비우는
영원한 쉼이다.
자신의 흔적을 아름답게 정리하고
순리에 순응하는 겸손과 여유
그리고
자기희생이야말로
진정한
가을의 의미이다.

빈 페이지 생각 채움

지난 여름날
자랄 만큼 자랐나?

맺은 열매는 잘 키웠나?

게으르지 않았고
욕심부리지도 않았나?

후회 없이
여름을 지났나?

이제
두려움 없이
미련도 없이
가을을 맞을 수 있나?

가을 그루터기

푸르러지는 하늘 끝 노을이 붉게 물든다.
옛날 같지는 않지만 그래도 가을은 가을인가 보다.
아침저녁으로 서늘한 기운이 감돌고 여치와 귀뚜라미의 아름다운 화음이 뜰에 가득하다.
울타리 기댄 감나무 가지 끝에 제법 토실토실해진 감들이 빛나고 있다.
꽃들의 씨앗이 영글고 나무들 열매도 알알이 빛 엉김 뽐내기 시작한다.
뜰에 펼친 붉은 고추가 장관을 이루고 뒷동산 기슭에는 알밤 줍는 아낙네들 깔깔대는 소리가 정겹다.
들녘에 쏟아지는 햇살의 빛이 달라지는가 싶더니 여기저기 농부들의 가을걷이 손길들이 분주히 움직인다.

하지만 가을은 단순히 결실의 계절만이 아니다.
내려놓고 비우는 아름다움! 시들어 사그라지는 희생의 아름다움!
왠지 모를 숙연함과 장엄함이 느껴지는 계절이기도 하다.
모든 사람들이 그리도 좋아하는 단풍을 바라본다.
참 곱고 아름답다.
때가 된 줄을 알고 나무 스스로 잎으로 가는 통로를 막아 광합성 작용을 못 하게 하므로 물들인다는 자기희생적 삶을 이해하고 보면 이는 단순한 아름다움이 아니다.
다음 해 새싹을 틔우기 위함이든 후대를 위한 것이든 간에 자신을 내려놓고 비워야 할 때를 알고 스스로 자기 삶을 포기하는 희생을 감수

하는 이 장엄한 현상이야말로 참으로 대단한 것이 아닐 수 없다.
그래서 그런지 가을꽃이나 단풍들을 보면 왠지 애잔하다.
잎이 져야 그 자리에 겨울눈을 달고 봄이 되면 다시 잎과 줄기와 꽃을 피운다.
나무의 여름날 절정과 가을날의 시듦이 엮어내는 이 아름다움을 알게 된 것이 내가 거듭나게 된 계기가 되었다.
일단 남은 소원 중에 가장 큰 것은 가족들에게 아픔이나 짐을 주지 않는 마무리를 하고 싶다.
그리고 일생을 나 스스로 행복하게 살았다는 흔적을 남기고 싶다.
그렇게 자연스레 자신을 떨어뜨리는 한 잎 낙엽이고 싶다.

애수의 코스모스

돌담 밑 수줍게 쪼그려 앉은 소녀가
나뭇가지 끝으로 뭘 그리다 지우곤 할까?
닮은 듯 아닌 듯 굽히다 내보인 청순가련함
가을빛 물들인 코스모스가 거기 피어 더 예쁘다.

돌담길 수줍게 오가는 소년이
지나치듯 수줍게 바라보는 건
소녀일까? 아니면 코스모스일까?
닮은 듯 아닌 듯 엿보인 상큼 순박함
마을 채운 코스모스는 그리 피어 더 예쁘다.

골목길마다 함께 피운 정겨움
가을비 차가운 시샘에 얼굴 붉히고
그것마저도 바쁜 일상에 묻히는 아픔 땜에
멍울진 보랏빛 낯 들어 온몸으로 애원한다.
골목길 코스모스는 아린 가을 안겨 더 예쁘다.

소녀도 소년도 떠나간 길가
화난 듯 외로운 듯 아무 때나 피고 지다
축제 명소로 옮겨 모인 코스모스는
애잔함 감추느라 변색된 탯가락으로
애써 초연함 안고 견딘다.
핑크뮬리 떼 공격은 속수무책인 채로

메밀밭 고랑에 서서

척박함 딛고 서서 흰 구름 꽃피운다.
눕힐지언정 결코 부러지진 않으려는 결기로
밑바닥 어둠 씹어 흰 거품으로 물고
향기로 띄운 몽실 구름 일렁인다.
메밀밭 고랑에 서니
흑백 영혼 자리 다투고
벌 나비 메밀꽃 부딪는 삼화음이
위선 덮은 흰 장막 타고 흐른다.

둥글지도 네모지지도 못한 채
짓눌려 고작 세모로 찌그러진 생명이기에
동서나 남북으로 나뉠 수 없어
차라리 목화솜 발겨 흩뿌렸단 말인가?
메밀밭 고랑에 서니
새벽 깨운 소슬바람도 가을 한낮 따가움도
하늘 재우는 노을까지
메밀꽃이 한입에 머금고
퐁퐁 팡팡 뿜어낸다.
아마도
행복의 모양은 메밀꽃 모양일 거고
양심의 색깔은 메밀꽃 색깔일 거다.
메밀밭 고랑에 서니
행복 모르는 양심의 소리가 들린다.

호박꽃을 알까

뒷자리 가장자리 탓하지 않고
버려진 구덩이에 처박힌 채로
사랑도 돌봄도 마다하고
호박꽃은 묵묵히 거기 피고 진다.

예뻐지려 고와지려 기 쓰는 꽃들
본태 잃은 변종에 변태 되어도
올곧게 샛노란 호박 별꽃은
가을볕 덩이덩이 모아 앉힌다.

고움 단장 소박함만 못하고
예쁨 꾸밈 순수함만 못함을
보다 보면 보일 거다.
투박함이 화려함 못지않음도
살다 보면 알 거다.

메마른 잎줄기 마디 끝에
만추의 일광욕에 빠진 호박덩이
뽐내지도 비굴하지도 않고
진득이 거기서 기다린다.

단풍나무 길

별 따러 가신 님 그리다 별이 돼버린
단풍의 붉은 정열
손가락마다 스미어 흐른다.
땡볕 하늘 가린 그늘 터널 아래로
가는 이 오는 이 손 흔들어 반기다
가을볕 새는 손가락 사이로 비친 임
그리다 부르다
마지막 안간힘 쏟느라 얼굴 붉힌다.

간밤 지새워 모은 이슬 한 방울까지 짜 먹고
나비 날개 속 씨앗 영근다.
자기 시간의 끝점에서 스스로 비우는 삶
추한 게 아닌 절정의 아름다움으로
붉은 잎 떨어뜨림이 장엄하고도 애잔하다.

붉은 훈장 차고 양쪽으로 도열한 채
임 잃은 단장의 아픔 못 잊고
손에 손 하늘 향해 애원하듯 기도한다.
일제 36년 상징의 3.6km 단풍 길[32]

---

32 천안독립기념관 단풍나무 숲길

나라의 독립을 쟁취한 붉은 투혼과
사랑 아픔 잊으려는 붉은 상흔은
잎맥 사이사이 배인 다홍빛 되어
낙엽이란 이름으로 정처 없이 뒹군다.

붉은 손 하늘바라기
발굽 아래 밟혀도 속삭이듯
누굴 위해 그리도 중보기도 하는지
쌓인 낙엽 한 줌 쥐고 숙연히 아멘 한다.

은행잎 편지

마을 어귀에 버티고 우뚝 서서
폭우 광풍에도 끄떡없던 은행나무인데
고작 소슬바람 속삭임에 노랑 속살 드러낸다.
노랑나비 나폴나폴 꿀 찾아 날듯
한 잎 두 잎 누굴 찾아 사뿐사뿐 나나?
소년소녀 일기장 갈피 속에 깊이 숨긴
내밀한 사랑 편지
곱게 접은 샛노란 편지 흩날린다.

지척이 천 리인가 천 리도 지척인가?
건넛마을 사랑 찾기 몇 해였던가?
수십여 년 기다려 맺은 열매 지키려
악취로 위장하고 고즈넉이 익다가
소슬바람 유혹 따라 한 잎 두 잎 또 떠난다.
성경 책 갈피 속 또 넘긴 갈피마다
켜켜이 감춘 노란 손 편지 사연
은밀히 주고받은 아련한 추억들
차곡차곡 쌓은 은행잎 무덤 속에
여름날 뜨거운 정열도 묻고
다 못 한 얘기 가을바람 타고 노란 달밤을 난다.

억새밭에 서면

억새밭에 서면
할머니들의 가녀린 등줄기 타고
가을빛이 지난다.
그리운 옛이야기 나누며
할머니 빛깔로 할머니 냄새 풍기며
가을이 간다.

억새밭에 서면
어머니들의 화장기 없는 민낯에
가을바람이 지난다.
응어리 푸는 알쏭달쏭 얘기 속삭이며
어머니 색깔로 어머니 목소리로
가을을 보낸다.

억새밭에 서면
사랑 잃은 여인의 애잔한 머릿결에
가을 향기가 머문다.
사랑보다 진한 이별 인사 나누며
여인의 고고함으로 소박한 옷자락으로
가을을 품는다.

억새밭에 서면
추억으로 사는 늙은이의
가을 고독이 넘실댄다.
세월 끄덩이 노을로 엮어 메고
늙은이 겸손함으로 고즈넉이
가을을 삼킨다.

들국화

베란다에 빼앗긴 들에도 꽃은 핀다.
시골 폐교 개구멍 지나 뒷산 기슭에서
성냥갑 쌓아 잇댄 구도심 흐린 불빛 뒤에서
청초히 옛 모습 그대로 거기서 피고 진다.
보는 이에게만 보이는 꽃 들국화[33]
굳이 이름조차 숨기고 거기서 피고 진다.

농약에 빼앗긴 들에도 꽃은 핀다.
특별한 돌봄 없어도 상큼발랄하게
고가가 아니어도 기죽지 않고
순결히 옛 모습 그대로 거기서 피고 진다.
찾는 이에게만 보이는 꽃 들국화
굳이 화려함까지 숨기고 거기서 피고 진다.

토목에 빼앗긴 들에도 꽃은 핀다.
깎아지른 절개지 벌렁거리는 흙덩이에도
속 빈 터널 위 산언덕에도 용케 버티어
고고히 옛 모습 그대로 거기서 피고 진다.
홀로는 외로워 떼 지은 들국화
굳이 향기까지 숨기고 거기서 피고 진다.

---

33 집 없고, 사교육 못 받고, 스펙 없고, 취업 기다리는 젊은이들

영끌 일상에 빼앗긴 들에도 꽃은 핀다.
비옥한 터가 아닌 곳에서도
거친 바윗돌 베고서라도
억척이 옛 모습 그대로 거기서 피고 진다.
어쩌다가 선물로 뽑히는 들국화
굳이 영롱함까지 숨기고 거기서 피고 진다.

국화

그냥 핀 꽃이 아니다.
팔다리 세 번씩이나 잘리고도 버틴
상처 품고 핀 꽃이다.
무슨 바람이 그리 많아서
꽃잎에 흐르는 이슬처럼 꿈 방울 응결시켜
하늘에 사무친 그리움으로 피운 꽃이다.

그냥 핀 꽃이 아니다.
여름 꽃들 헤집어놓은 끝자락이라도 잡느라
울화통이 터져 핀 꽃이다.
무슨 시간이 그리 많아서
꽃잎에 스미는 빛살처럼 몽환의 부스러기 머금어
하늘에 사무친 기다림으로 피운 꽃이다.

그냥 핀 꽃이 아니다.
고작 몇 날 만날 찬 서리 냉혹한 임
이별로 찢길 가슴 안고 핀 꽃이다.
무슨 정이 그리 많아서
꽃잎에 멈추는 늦가을 볕처럼 사랑앓이 향초 되어
하늘에 사무친 영결의 비애감으로 피운 꽃이다.

낙엽의 기도

하나님!
주신 시간 다 누리고
주신 에너지 다 소진하고
주신 열매 다 익히고
지기 전 가장 아름답게 단장하고
져서까지 뭇 생명 품게 하시니
감사합니다.

하나님!
푸른 나무 뽑지 마시고
덜 자란 가지 꺾지 마소서.
목마름은 견딜 만큼만
질병도 이길 만큼만 주소서.
슬플지언정 원통하진 않길
소망합니다.

하나님!
주신 시간 조금 더 누리게 하시고
주신 에너지 조금 더 나누게 하시고
주신 꽃은 피워보게라도 하소서.
지기 전 가장 불쌍히 시들게 마시고
지어진 이름값은 할 수 있길
애원합니다.

하나님!
꼭 가을 낙엽 되게 하시고
떨어지는 의미 알려주시고
슬픈 밟음마다 위로받게 하소서.
낙엽 더미 위 한 잎 한 잎 숙연히 더하고
가는 길 모두 따라가게 하소서.
가을 낙엽 앞에 겸손히 기도하게 하소서.

감 따기 꿈 깨기

꼬마는 홍시를 따고 싶었다.
감나무 꼭대기 빛나는 홍시를
꿈도 야무지지.
장대도 없으면서? 들 수나 있나?
사방팔방 생각해도 홍시를 딸 수 없었다.
콜록콜록 할머니 기침 소리 홍시 홍시로 들렸지만
감나무 아래서 방황하며 감 떨어지길 마냥 기다려야 했다.
꿈속에서나마 꿈을 가지려면 꿈꾸기를 기다려야 했는데
꼬마는 청년이 됐어도 아직 꿈을 꾸지 못했다.

영감은 홍시를 따고 싶었다.
감나무 꼭대기 빛바랜 홍시를
꿈은 무너지지.
장대도 있고 들 힘도 있는데
콜록콜록 할머니도 부모님도 홍시보다 위에 계시다.
감나무 아래 주저앉아 늙은 감나무만 바라봐야 했다.
부모 봉양 못 했고 자녀도 없으니
기다리지 않아도 떨어지는 홍시를 어찌할까?
이루지 못한 꿈은 깰 수조차 없음을 꿈엔들 알았을까?

노인은 홍시를 따고 싶었다.
감나무 꼭대기 서너 개의 홍시를
꿈도 허무하지.
장대도 썩었고 들 힘도 없는데
까치밥은 남겨두고 따는 거라던 아버지 말씀은 왜 들리는지
평생에 홍시를 따지 못하였다.
늙은 가지 한 개만을 붙잡고 버티는 감나무 등걸에 주저앉아
꿈의 허무한 늪에 홀로 잠긴다.

가을 하늘

여보시오!
도대체 몇 번이나 바라봤소?
저 푸른 하늘을
앞 땅만 보고 사느라 볼 새 없으니
푸른 날이 점점 줄어듦을 알기나 하오?
살아서는 절대로 갈 수 없는
너무 맑아 두렵기까지 한
갈 하늘 모처럼 바라본다. 떨며

여보시오!
도대체 몇 번이나 그려봤소?
저 푸른 하늘을
미워하고 원망하느라 맘에 없으니
푸른 날이 점점 빨리 지나감을 알기나 하오?
더러운 채 이대론 갈 수 없는
너무 맑아 두렵기까지 한
갈 하늘 먼저 간 님들 그려본다. 아련히

여보시오!
도대체 몇 번이나 불러봤소?
저 푸른 하늘을
보이는 것만 쫓느라 정신없으니
푸름에 씻길 날이 점점 가까워짐을 알기나 하오?
천사 옷자락 찢긴 저 구름 흰 조각에
얼굴 감추고 애원해서라도
갈 하늘 갈 길 불러본다. 간절히

가을 산

왁자지껄 다툼이 한바탕 휩쓴 자리
봉마다 골마다 가을빛 할큄이 따갑다.
한 올 소슬바람 스침에도 무정히 털리는 단풍
정적 안고 흐르는 가을 햇살 한 줌씩 나눠 먹는
가을 산은 숙연하다.

자라고 피우던 욕망도
영글고 익히던 사명도
조용히 내려놓는다.
늙은 바위 지킴이 나목에
반항 없는 고요가 흐르는
가을 산은 엄숙하다.

기슭에서 정상으로 향했던 시간의 흐름이
반환점을 돌아 내려온다.
오색 물 먹이면서
가을비 한 보지락씩 쏟고
찬 달빛 한 움큼씩 던져 재촉해도
결코 탓함 없이 그냥 다 내어주는
가을 산은 장엄하다.

나무만 보면 가을 산이 아름답고
숲만 보면 가을 산이 곱다.
가을 산이 쓸쓸하면
아직은 남아있는 호사스러운 정서
종전 후의 고요한 평화이거나
비움 후의 자유와 여유로
절정 미 상고대까지 빈산에 품는
고고한 가을 산이다.

선남선녀 과일 먹기

사랑하는 선녀님!
사과 드셔요.
붉은 사과는 심장 닮았으니 왼쪽에 놓고 왼손으로 먹는 거야.
그러면 대추 드셔요.
또 붉은 과일이야?
포도는 어때요?
선녀가 상스럽게 어찌 씨를 뱉지?
선남은 선녀에게 과일을 먹일 수 없었다.

사랑하는 선남님!
사과대추 드실래요?
미니사과 드실래요?
감이나 배가 아니고 그게 뭔데?
신품종 과일이요.
샤인 머스캣 스카일라래 체리도 있어요.
만년설 딸기는 어때요?
어지러워!
선녀도 선남에게 과일을 먹일 수 없었다.

선남선녀는 과일 가게에 갔다.
국산 과일 제철 과일을 살까?
사계 과일 유행 과일을 살까?
열대 과일은 어떨까?
모르겠다. 부모님께 전화해보자.
그런데 핸드폰이 터질까?
어쩌지? 그냥 빛 좋은 걸로 사자.
이거 주시고 저것도 주세요.
선남선녀는 결국 이름 모를 과일만 사왔다.
부모님께 전화는 물론 하지 않았다.

돌아오는 길 까닭 모를 늦가을 태풍이 몰아쳤다.

달빛 타고 흐르는 연가

달맞이꽃의 달 바라기 하던 여름부터
짙은 먹구름 뚫고
달빛이 달맞이꽃 빛 만나기엔 너무 먼 땅 끝
달맞이꽃 향 달빛에 이르기엔 너무 먼 하늘 끝
그리다 그리다 지고 만 슬픈 달이여!
달 바라기 하다 하다 지고 만 슬픈 꽃이여!

차라리 포기했던 태양을 사랑할까?
하지만 끝내 못 이룰 사랑인 것을
해 뜨면 달 지고 달 뜨면 해 지니
이 비련의 야속함!
운 좋게 하늘을 함께해도
햇살은 달빛을 결코 품지 않으니
수줍어 빛 가린 달님의 빈 가슴만 식어간다.

참으로 쓸쓸하게 들리는 소리가 있다.
밤이 우는 소리 외로운 노래가
지쳐 흘리는 달빛 타고 흐른다.
섬돌 사이 숨어서 달맞이꽃 그루터기에서
가을 가슴 깊숙이 파고드는 애처로운 선율
고독한 귀뚜라미가 바로 달의 연인이었나?
가을 달빛이 흐르는 밤이면 여지없이
못 이룬 사랑 슬픈 연가만 달빛 타고 흐른다.

풍요 속의 빈곤

천석꾼이 장리쌀로 만석꾼이 되었더라.
큰아들 논밭 팔아 허랑방탕 탕진하고
작은아들 전답 팔아 사업하다 망해먹고
그래도 남은 땅 팔아 막내딸 혼수 하려는데
논밭 살 사람 하나 없네.
논밭 떼어 시집보낸 노인은 땅만 부자였다.
검정 장화 신고 논두렁
유모차 밀고 밭두렁
천석꾼이 천덕꾸러기 된 빈 농촌이 허망하다.

천고마비 계절이라 했나?
천탁노수(天濁老瘦)라야 제격이지.
황금들판이 어쩌고저쩌고?
기계들판 되었는데 땅 주고 기계 부릴 수 있나?
한 동 하우스가 한 마지기 논보다 비싼 세상
팔 수도 안 팔 수도 없는 논밭
팔리면 뭐 해 이것저것 다 떼이니
그저 땅에 콱 묻혀버려야지.

그래도 가을 들판이 풍요로운 것은
비우기 전 가득함이 좋아서지.
가을볕 영근 열매 거둔 후 텅 빈 들녘!
가득함과 비움의 여유로운 작별이 곧 풍요야.
땅 부자는 있으되 돈 쓰는 이 없는 빈 농촌에
운동화 신고라도 유모차 미는 노인들이
빈곤 속의 풍요라도 마른 가슴 메워 실버타운이 되었으면…….

허수아비

참새 떼가 허수아비 위에 유유히 앉는다.
언제부터 알았을까?
허수아비라는 걸.
가슴 앙상한 허수아비들
들녘에서 도심까지 치달아 영혼 없이 손든 채
벙거지까지 눌러쓰니 머릿속까지 낡나 보다.

뜰 안의 허수아비!
도대체 뭘 지키려는가?
곳곳에 흩어진 허수아비!
도대체 뭘 막으려는가?
화려한 곳에 떼 지은 허수아비!
도대체 뭘 잡으려는가?
달빛에 떨고 이슬에 젖는다고
누가 눈 깜짝이라도 할까?
로봇도 꼭두각시만도 못하면서
괜스레 팔 들고 생색만 내는구나.
요즘 세상 진짜 허수아비는
옛 허수아비를 허수아비로 세우는 허수아비다.

가을볕에 그을려 낡아 해진 머리에
까마귀 앉아 배설해도
꿈쩍도 못 하는 허수아비
요즘 허수아비야말로 진짜 허수아비다.

추석

추석 선물로 어머니가 사다 주신
새 양말 냄새를 맡아본 적이 있는가?
옛날 양말 냄새와 요즘 양말 냄새가 어떻게 다른지 아는가?
옛 양말에서는 어머니 냄새가 났고
요즘 양말에서는 아무런 냄새가 났다.

추석 전 볏논에서 이삭을 꺾어본 적이 있는가?
아버지가 꺾은 이삭과 내가 꺾은 것이 어떻게 다른지 아는가?
내가 꺾은 이삭은 더 굽고 노란데
아버지가 꺾은 이삭은 덜 굽고 노르스름한 것도 있었다.

추석 때마다 감사히
아버지 좋아하신 햇대추 먹고
어머니 좋아하신 햇밤 먹으면서
부모님 좋아하신 햅쌀송편 빚는다.
그리고 부득이
공항마다 가득한 인파 보도 보다
남은 밤 대추 마저 먹는다.

가을 남자

귀를 세우지 않아도
낙엽 다독이는 가을 빗소리 위로와
새벽녘 시냇가 고라니 비명 들리면
그대 가을 오는 신호다.
여명에 낯 붉히고 저녁놀에 눈 붉혀
빛바랜 앨범 들추고 다이어리 오른쪽 못 채운다.
드디어 말을 점점 잃어간다.
당신은 가을 남자다.

가까이 꽃이 있어도
먼 산을 먼 하늘을 본다.
작은 감동에 눈물 흘리고
손가락 침 묻혀 방바닥 쓰레기 찍어낸다.
여름 땡볕 아스팔트 복사열로 지지고 볶던
과열 열정은 한 보지락 소나비에 순간 잦고
별것도 아닌 일에 목숨 건 막장 끝장마다
후회 일되 회한을 감추는
작아진 당신은 가을 남자다.

괜스레 대문 열어놓고
괜스레 서랍 정리하고 시집 찾아 먼지 턴다.
물건 찾느라 일 더디고
정답 찾느라 대답 늦어진다.
이따금씩
어머니 된장국에 전어구이 그리우면
당신은 진정 가을 남자다.

가을 여인

가을 색을 찾는다.
가을 색이 뭐냐면
더 맑고 더 곱고 더 진한 거 모두
가을볕을 모은다.
가을볕이 뭐냐면
감과 포도랑 석류 껍질에 반지르르 흐르는 모든 거
찾다 모으다 웃프면 그댄 가을 여인이다.

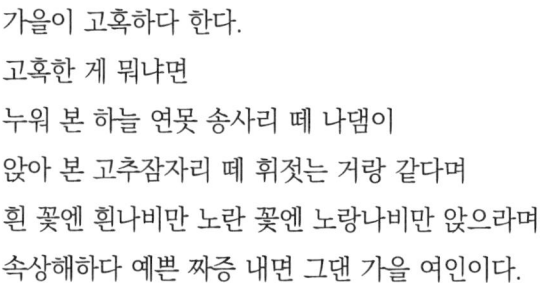

가을이 고혹하다 한다.
고혹한 게 뭐냐면
누워 본 하늘 연못 송사리 떼 나댐이
앉아 본 고추잠자리 떼 휘젓는 거랑 같다며
흰 꽃엔 흰나비만 노란 꽃엔 노랑나비만 앉으라며
속상해하다 예쁜 짜증 내면 그댄 가을 여인이다.

다 못 한 말이 있다 한다.
그 말이 뭐냐면
시달린 악몽 이야기랑 텔레비전 드라마 슬픈 얘기
수반에는 수국 꽃꽂이를 화병에는 국화 꽃꽂이를 해야 한다는
얼토당토않은 꽃 얘기
달빛 맞는 뜰 서성이며 서릿발 부르는 별 얘기
사색의 옷 여민 추상같은 그댄
진정 가을 여인이다.

요지경 운동회

운동회를 열어볼까?

언제?
어린이날 기념 소운동회 가을 대운동회?
봄가을 두 번 오전 온종일?
공기 질 날씨 좋은 날?
이 때 저 때 어느 때?

어디서?
학교 흙 운동장 체육관 공설운동장 잔디광장?
여기 저기 거기?

종목은?
청백계주 선수 아닌 학생은?
모든 학생 청백계주 인원수는 어찌?
허약한 아이는 장애학생은?
무용은?
학급별 학년별 학년 연합 무용?
차전놀이 지역감정 진영나누기?
연습은?
단축수업 체육과 수업증설 연습 없이?

유니폼은?
체육복 통일 청백 모자만 청백 머리띠만 개별 복장?

점심식사는?
학교급식 아니면 가정 도시락?
맞벌이 학부모는 소년소녀가장은?

검정고무신 벗어 들고 뛰었던 학교장은
흙먼지 날리는 운동장에서
인권 수업권 학습권 교권 틈바구니에
전통 관례 건강 안전 평등 공정 별의별 것 다 채우려
걷는다. 하염없이 교육다움 찾아

나무 데크조차도 명품 신고 지나고픈 부모들이
흙 마당 운동에 자녀를 참여시킬 건지 고민하는 사이
집에서 교실까지 실내화 바닥 흙 한 톨 안 묻히고 출근한 교사들이
흙먼지 땡볕 뒤집어쓰는 운동장에서 학생들을 가르칠까 고민하는 사이
코로나19 바이러스는 교정 하늘을 맴돈다.

이리 밀리고 저리 쏠리고
전후좌우 부딪는 학교장은 홀로 고목이 된다.
만국기에서 일본 기를 뺄까? 오륜기로 바꿀까?
차라리 오색 풍선 색스럽게 아롱다롱 매달까?

차라리 아무것도 하지 말까?
잿빛 하늘 아래 멍하다 먹먹하고 마스크에 숨차고
걷는다. 대책 없이 경영신념 흘리며

운동회를 없애볼까?

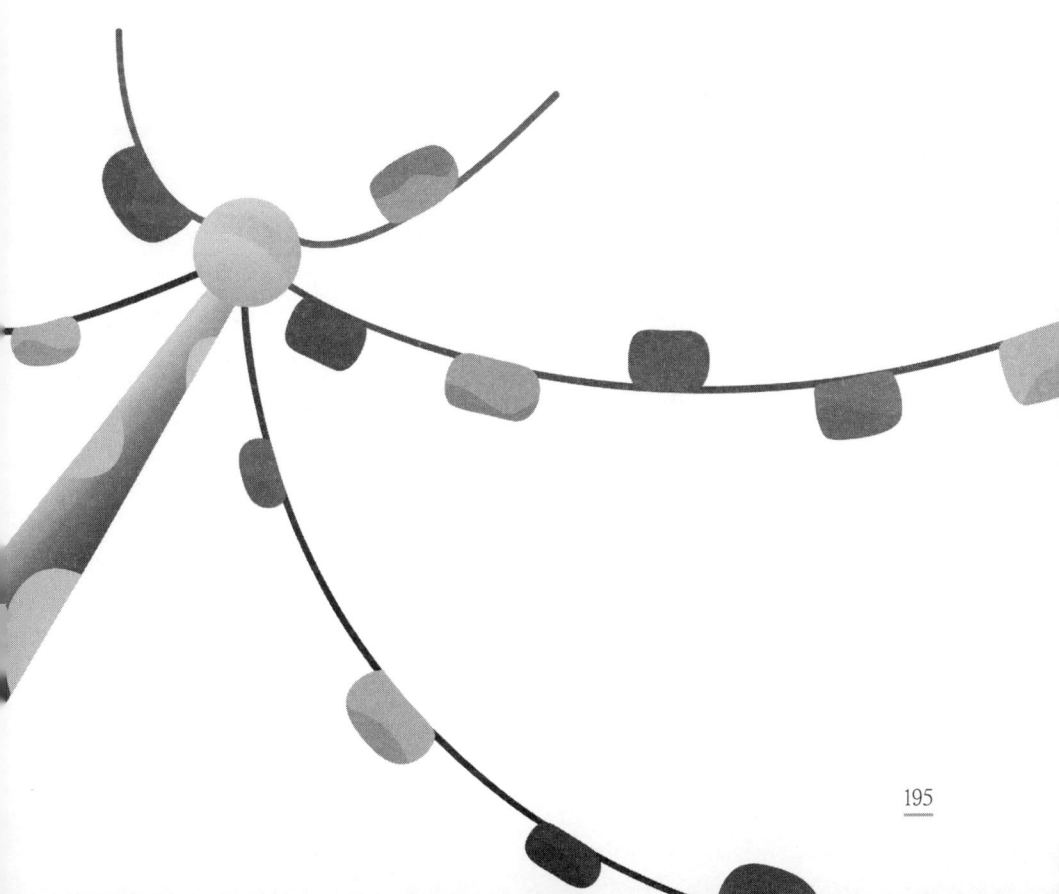

소풍 갈래요

답답해요.
밖에 나가고 싶어요.
하루 동안 고작 백 보도 못 걸었어요.
학원 두 군데 거쳐 집까지 자동차가 데리고 다녔어요.
제가 걸은 건 고작 타일 위 열 보 시멘트 위 열 보 아스팔트 위 십여 보뿐
아! 나무 데크 위 열 보 학교에서도 학원에서도 같은 걸음뿐
오늘 하루 하늘 없는 곳에서 땅도 없는 곳에서 숨 쉴 곳을 찾았어요.
하늘 막은 장막을 걷어주세요.
나뭇잎 사이 흐르는 저 바람 내게도 주세요.
소풍 갈래요. 소풍 주세요.

재미없어요.
놀고 싶어요.
그동안 줄곧 엄마아빠 하자는 대로만 했어요.
엄마가 가고픈 곳 아니고 아빠가 가자는 곳 아닌
유적지 말고 관광지 말고 어른들 말고
친구와 함께 가고픈 곳에서 하고 싶은 것 할래요.
고급 레스토랑에 갇히지 않고 길거리 맛집에 들러
처음 만난 친구랑 김밥 먹고 떡볶이도 먹고 낄낄대고 싶어요.
진짜 소원은 선생님이랑 친구들이랑 함께
소풍 갈래요. 소풍 주세요.

슬퍼요.
소풍 없어서
현장학습이래요. 현장체험학습이래요.
소풍은 없어졌대요.
관광버스도 못 탄대요. 배도 못 타고 비행기는 더더구나
사고 날까 봐 그런대요.
걷는 것도 안 된대요.
울 엄마가 민원 내서
소풍 갈래요. 소풍 주세요.

소풍 갈래요.
소풍 가서
잔디 위에서 뒹굴다가 백사장을 뛰다가 해당화 가시에 찔려보고 싶어요.
산기슭을 기다가 시냇가에서 가재도 잡다가 이끼에 미끄러지고 싶어요.
손가락 발가락 상처에 빨간약도 발라볼래요.
친구들 발 냄새가 얼마나 지독한지 선생님 코 고는 소리가 얼마나 큰지
친구들은 나와 뭐가 다른지 나는 친구들과 뭐가 같은지
다 알고 싶어요.
노란 꽃잎을 따고 싶어요. 빨간 꽃잎을 으깨보고 싶어요.
맨발로 흙길 걷다가 비에 젖어도 볼래요. 감기 걸려도 좋고요.
나만의 예쁜 추억을 만들래요.

파란 하늘을 주세요.
청량한 숲 바람을 주세요.
마스크를 벗겨주세요.
선생님을 친구들을 돌려주세요.
소풍 갈래요. 소풍 주세요.

가을밤

빈 노트에
빈 가슴 쏟아봤자
노트는 그냥 하얬다.
빈 머리 그려봐도
노트는 그냥 비었다.
빈 노트에
빈 가을 담아봤자
노트는 그냥 빈 가을이었다.
하얀 채로

찬 뜰에
찬 달빛 쏟아부어도
뜰은 그냥 찬 대로
찬 뜰에 풀벌레소리 채워도
뜰은 그냥 시끄러운 줄 모르고
찬 뜰에 외로움 쏟아도
뜰은 그냥 외로운 채로
아무렇지도 않은 듯 그냥 외로이 버틴다.

뒤꼍 알밤 떨어지는 외마디 소리가 적막을 깬다.
아깝다.

가을 보푸라기

가을이 어디서 와서 어디로 가는 건지
또 가을 저편에는 뭐가 있기나 한 건지
가끔씩 언뜻언뜻 생각하곤 했지만
삶 전체를 반추하며 깊은 생각에 빠지기 시작한 건 아마도
60고개를 넘어서부터인가 보다.
이는 환갑은 지나봐야
가을을 조금은 느낄 수 있다는
경험상의 말이기도 하다.
아마도 내 맘속에 있는 가을은
천국 같은 것인가 싶다.
천국은 좋은 곳이라 소문났지만
막상 가기에는 두렵기도 하지만
분명 꼭 가고 싶은 곳이 아니던가?
그곳은 어떤 색일지
뭐가 있을지
궁금하지 않은가?
그저 성서를 통하여
있을 건 다 있고
없을 건 다 없다는 것쯤을
알고 있을 뿐이잖나?
있어야 할 것 중 가장 비싼 행복이랑 사랑이랑 있다 했다.

가을을 맞고
가을을 느끼고
가을을 지나는 것도
이와 비슷하다.
아름다움과 풍성함이 주는 행복이 크지만
왠지 휙 지나가는 게 아쉽고
작은 떨림과 망설임이 있다.
가을 저편은 어떤 색일까?
가을 저편에 뭐가 있을까?
가을을 피상적으로 넘기다가도
이런 궁금증이 이따금씩 인다.
천국을 기리면서도 그러하듯이 말이다.
하지만 천국과 가을은
없을 것에 대하여서는 분명 다르다.
없어야 할 것들 중에
슬픔이나 질병, 미움이랑 공포 같은 것이
천국에는 없다니까 분명 없겠지만
가을에는 아직 남아있기 때문이다.
가을엔 단지
사람이기에 짊어져야 했던 무거운 짐들을
내려놓는다. 낙엽 지듯!

사람이기에 가슴 채웠던 욕망들을
비운다. 낙엽 위 이슬 흐르듯!
사람이기에 더럽혀진 발자취를
지운다. 낙엽 찢겨 묻히듯!
받은 게 뭔지?
준 건 있는지?
거둔 게 무언지?
남긴 건 있는지?
혹 가져갈 건?

요즘 가을은 너무 성큼성큼 간다.
늦장마와 태풍을 뚫고 그렇게 힘들게 온 가을이
숲 사이로
금세 새어버린다.
그중에서도
가장 빨리 지나는 가을은
아마도
중환자실 쪽창에 걸친 가을일 게다.
늘 그러했듯이
그 가을 해 질 무렵
흰 가운 입은 주치의가 수련의들을 거느리고

바람 일으키며 왔다 가는 소리가 들렸다.
그 소리는 분명
가을바람 소리였다.
그리고
그 여음들이 불협화음으로
귓가를 맴돌았다.
아들딸 결혼식장 축가와
손자손녀들 젖 달라고 보채는 소리들인가 싶었다.

늙은 산마루에 걸친
반쪽 노을 주변에
햇무리가
아직은
붉다.

빈 페이지 생각 채움

가을이 간다.
저만치
한평생을 업고
한 해가 또 간다.

견뎠으니
누렸고
자랐으니
거두지 않았던가?
그러면
된 게지?

그렇지?

에필로그

가을이 가나 보다.
저만치
애써 뒤돌아보지 않으려 해도
미련인들 없겠나?
그래도
가을이 곱고 아름다운 것은 참 다행스럽다.
억지로 표정 짓고 억지로 분장 칠 안 해도
결코 추하지 않으니
어쩌면 가식 없는 최후의 아름다움이 아니겠나?

가을 건너 저편에
매서운 칼바람 몰아치는 겨울이 도사리고 있을지
아니면
하얀 눈이 포근히 감싸주는 아름다운 겨울이 미소 지을지는
아무도 모를 일이다.
하지만 어떤 겨울인들
못 맞는 것보단 나은 게 아니겠나?
늘 그랬듯이
겨울엔 겨울인 듯
또 그리 맞고 보내면 될 일이다.

단지
우리가 어떤 겨울을 꿈꾸느냐는 매우 중요하다.
꿈이 있어야 바라는 것들이 실상으로 이루어질 수 있기 때문이다.
하나님의 천지창조 이래
수천 년 전의 그 수많은 예언들이 현실이 된 것처럼
우리의 꿈이 예언이 되고 우리의 예언이 현실이 될지 누가 알겠는가?
그 성서에는 말한 대로 되어진다 기록되어있다.
우리 부디
가을 저편의 하얀 겨울을 입을 모아 절절히 외쳐

기도하자.